W0068781

Schulgrammatik Deutsch

Vom Beispiel zur Regel

erarbeitet von
Diethard Lübke

Fachredaktion: Gerlinde Bauer, Regensburg
Illustration: Eva Möhle-Hulvershorn, Köln
Layout und technische Umsetzung: Uwe Wienprecht

www.cornelsen.de

Dieses Werk berücksichtigt die Regeln der reformierten Rechtschreibung
und Zeichensetzung. Bei den mit Ⓡ gekennzeichneten Texten haben die
Rechteinhaber einer Anpassung widersprochen.

2. Auflage, 7. Druck 2020

Alle Drucke dieser Auflage sind inhaltlich unverändert
und können im Unterricht nebeneinander verwendet werden.

© 1999 Cornelsen Verlag, Berlin
© 2017 Cornelsen Verlag GmbH, Berlin

Das Werk und seine Teile sind urheberrechtlich geschützt.
Jede Nutzung in anderen als den gesetzlich zugelassenen Fällen bedarf der
vorherigen schriftlichen Einwilligung des Verlages.
Hinweis zu §§ 60 a, 60 b UrhG: Weder das Werk noch seine Teile dürfen ohne
eine solche Einwilligung an Schulen oder in Unterrichts- und Lehrmedien
(§ 60 b Abs. 3 UrhG) vervielfältigt, insbesondere kopiert oder eingescannt,
verbreitet oder in ein Netzwerk eingestellt oder sonst öffentlich zugänglich
gemacht oder wiedergegeben werden. Dies gilt auch für Intranets von Schulen.

Druck und Bindung: Livonia Print, Riga

ISBN 978-3-464-61829-5

PEFC zertifiziert
Dieses Produkt stammt aus nachhaltig
bewirtschafteten Wäldern und kontrollierten
Quellen.

PEFC
PEFC/12-31-006

www.pefc.de

Hinweise für Schülerinnen und Schüler

Wie finde ich am schnellsten, was ich suche?

Jede Grammatik ist ein umfangreiches Buch, in dem man sich zurechtfinden muss. Diese Grammatik bietet dir verschiedene Hilfen:

Auf den Seiten 4 und 5 steht das **Inhaltsverzeichnis**. Dort kannst du nachsehen, was du suchst. Die Zahlen rechts verweisen auf die *Seiten* der Grammatik.

Die meisten Schülerinnen und Schüler bevorzugen aber das Register **Gesucht → gefunden** am Ende des Buches. Dort stehen nicht nur alle lateinischen Begriffe, sondern auch die deutschen. Außerdem werden dort viele Wörter aufgeführt, die für die Arbeit mit der Grammatik wichtig sind.

– Was im Register **Gesucht → gefunden** rot gedruckt ist, findest du unter einer rot gedruckten Überschrift.
– Was schwarz gedruckt ist, hat keine eigene Überschrift.
– Was blau gedruckt ist, steht in den Kästchen „Begriffliche Erklärungen". (Du hast sicher schon bemerkt, dass es oftmals verschiedene Bezeichnungen für dieselbe grammatische Form oder Struktur gibt.)
– Kursiv gedruckt sind alle Wörter und Buchstabenverbindungen, die dir weiterhelfen, wenn dir der grammatische Begriff nicht einfällt.
– Die Zahlen im Register verweisen auf die *Kapitel* der Grammatik (Dativ 9/3 → Kapitel 9, Abschnitt 3).

Wenn irgendwo grammatische Begriffe verwendet werden, die du vielleicht noch nicht kennst, achte auf die **roten Verweise am Rand**. Sie helfen dir, schnell die Stelle zu finden, wo diese Begriffe erklärt werden.

Was bedeutet der blaue Bleistift am Rand?

Der Bleistift macht dich auf Regeln aufmerksam, die beim Schreiben anzuwenden sind, zum Beispiel beim Aufsatzschreiben. Diese Regeln sind für dich besonders wichtig, damit du beim Schreiben möglichst keine Fehler machst.

Inhaltsverzeichnis

Inhaltsverzeichnis

Inhaltsverzeichnis

Die Bausteine des Wortes

Buchstaben **Laute** **Vokale** a e i
o u **Umlaute** ä ö ü äu **Diphthonge**
ai ei au äu eu **Konsonanten** b ch d
f g h k l m n p r s sch ß t v w
Silben **Präfix** **Suffix** **Worttrennung**

1 Buchstaben und Laute

1/1 Buchstaben

Deutsche Wörter werden mit Buchstaben geschrieben, die auf das Lateinische zurückgehen. Die wichtigsten Schriftarten sind:

Antiqua:

abcdefghijklmnopqrstuvwxyz
ABCDEFGHIJKLMNOPQRSTUVWXYZ

Grotesk:

abcdefghijklmnopqrstuvwxyz
ABCDEFGHIJKLMNOPQRSTUVWXYZ

Pica:

abcdefghijklmnopqrstuvwxyz
ABCDEFGHIJKLMNOPQRSTUVWXYZ

Alle Schriftarten gibt es auch *kursiv (schräg).*

Antiqua kursiv:

abcdefghijklmnopqrstuvwxyz
ABCDEFGHIJKLMNOPQRSTUVWXYZ

Die Buchstabenreihe von A bis Z heißt: *Alphabet.* (Nach den ersten beiden Buchstaben des griechischen Alphabets: *alpha, beta*)

1/2 Vokale

Fünf Buchstaben des Alphabets bezeichnen die Vokale (Selbstlaute):
a, e, i, o, u (y = Halbvokal)

1/3 Diphthonge

Die Diphthonge (Doppellaute, Zwielaute) sind:
ai, ei, au, äu, eu

1/4 Umlaute

Eine Besonderheit des Deutschen sind die Umlaute.
ä, ö, ü, äu

Konsonanten

Die Konsonanten (Mitlaute) sind:
b, c, d, f, g, h, j, k, l, m, n, p, q, r, s, ß, t, v, w, x, z

Es gibt noch viele andere Schriften neben der uns geläufigen lateinischen Buchstabenschrift:

οὕτως γὰρ ἠγάπησεν ὁ Θεὸς τὸν κόσμον, ὥστε τὸν Υἱὸν τὸν μονογενῆ ἔδωκεν, ἵνα πᾶς ὁ πιστεύων εἰς αὐτὸν μὴ ἀπόληται ἀλλ' ἔχῃ ζωὴν αἰώνιον.

Griechische Schrift (Altgriechisch, v. l. n. r.)

Ибо так возлюбил Бог мир, что дал Сына Единородного, чтобы каждый верующий в Него не погиб, но имел жизнь вечную.

Kyrillische Schrift (Russisch, v. l. n. r.)

כִּי־יַהֲבָה רַבָּה אָהַב הָאֱלֹהִים אֶת־הָעוֹלָם עַר־ אֲשֶׁר נָתַן אֶת־בְּנוֹ אֶת־יְחִידוֹ לְמַעַן אֲשֶׁר לֹא־ יֹאבַד כָּל־הַמַּאֲמִין בּוֹ כִּי אִם־יִחְיֶה חַיֵּי עוֹלָם:

Hebräische Schrift (Hebräisch, v. r. n. l.)

لِأَنَّهُ هٰكَذَا أَحَبَّ اللّٰهُ ٱلْعَالَمَ حَتَّى بَذَلَ ٱبْنَهُ ٱلْوَحِيدَ لِكَيْ لَا يَهْلِكَ كُلُّ مَنْ يُؤْمِنُ بِهِ بَلْ تَكُونُ لَهُ ٱلْحَيَوٰةُ ٱلْأَبَدِيَّةُ ◆

Arabische Schrift (Arabisch, v. r. n. l.)

永 淪 信 之 以 世、 蓋
生. 亡 之 子、 其 甚 上
而 者、 俾 獨 至 帝
有 免 凡 生 予 愛

Chinesische Schrift
(Chinesisch, v. r. n. l. und v. o. n. u.; seit 1958
in der VR China horizontal v. l. n. r.)

それ神はその獨子を賜ふほどに
世を愛し給へり、すべて彼を信ず
る者の亡びずして永遠の生命を得
んためなり。

Japanische Schrift
(Japanisch, v. r. n. l.
und v. o. n. u.; heute auch
horizontal v. l. n. r.)

2 Vokale, Umlaute, Diphthonge

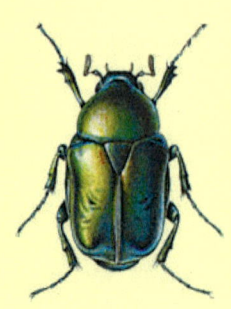

Jeder dumme Junge
kann einen Käfer zertreten.
Aber alle Professoren
der Welt
können keinen herstellen.

ARTHUR SCHOPENHAUER

2/1 Lange/kurze Vokale

Vokale können im Deutschen *lang* oder *kurz* gesprochen werden:

Lange Vokale:	Kurze Vokale:
aber, Abend	*alle, kann*
jeder, edel	*Welt, helfen*
Liebe, Krise	*immer, List*
Professoren, oben	*Ort, folgen*
Ufer, Natur	*dumm, Junge*

Lange Umlaute:	Kurze Umlaute:
Käfer, Ära	*ängstlich, ändern*
schön, öde	*können, Öffnung*
üben, Molekül	*wünschen, Küste*

2/2 Kurze Vokale (Grundregel)

Der betonte Vokal wird in den meisten Fällen kurz gesprochen, wenn *zwei* oder *mehr* Konsonanten folgen.

Junge	*(-ng)*	*Dampf*	*(-mpf)*
Welt	*(-lt)*	*jetzt*	*(-tzt)*

2/3 Konsonantenverdopplung (Grundregel)

Folgt auf einen betonten kurzen Vokal nur *ein* Konsonant, wird er beim Schreiben in den meisten Fällen verdoppelt.

dumm, kann, alle, Professor, können, herstellen

Statt *kk* schreibt man *ck.*
>*Acker, lecker, Zucker …*
>Ausnahmen:
>*Akkord, Akku, akkurat, Akkusativ, Makkaroni, Marokko,*
>*Mokka, Sakko, Schirokko, Stakkato, Tokkata …*

Statt *zz* schreibt man *tz.*
>*Aufsatz, Katze, sitzen …*
>Ausnahmen:
>*Mezzosopran, Muezzin, Pizza, Razzia, Revoluzzer, Skizze …*

Die Konsonantenverdopplung bleibt erhalten, auch wenn sich die Betonung ändert.
>*Kontrolle* – *kontrollieren*
>*Nummer* – *nummerieren*
>*Stuck* – *Stuckateur*

Konsonantenverdopplung kommt auch nach nicht betonten Vokalen vor

– in vielen Fremdwörtern:
>*Allee, Batterie, Effekt, Fassade, Grammatik, Karriere,*
>*Karussell, Kassette, Konkurrenz, Lotterie, passieren,*
>*Porzellan, raffiniert …*

– bei Nomen/Substantiven auf *-in, -nis, -as, -is, -os, -us* im Plural:
>*Ärztin / Ärztinnen* – *Kenntnis / Kenntnisse* – *Iltis / Iltisse* –
>*Albatros / Albatrosse* – *Diskus / Diskusse*

Fehlende Konsonantenverdopplung   2/4

In einigen Fällen wird nach einem betonten kurzen Vokal der Konsonant *nicht verdoppelt.* Das betrifft:

– einsilbige Wörter (besonders aus dem Englischen):
>*Bus* (aber: *Busse*), *Chip, fit* (aber: *fitter*), *Gag, Jet* (aber: *jetten*),
>*Job* (aber *jobben*), *Kap, Klub, Mob* (aber: *Mobbing*),
>*Pop* (aber: *poppig*), *Slip* (aber: *Slipper*), *top, Twen …*

– viele Fremdwörter:
>*Ananas, April, City, Hotel, Kamera, Kapitel, Limit, Mini, Roboter …*

– Wörter mit „unklarem Aufbau" oder Bestandteilen, die nicht für sich allein vorkommen:
>*Brombeere, Damwild, Himbeere, Imbiss, Imker* (aber: *Imme*)

Fortsetzung
→ nächste Seite

– kurze Wörter mit grammatischer Funktion:
> *ab, an, bin, das* (Artikel, Pronomen; aber: *dass* Konjunktion),
> *des* (aber: *dessen*), *er hat* (aber: *hatte*), *in* (aber: *innen*), *man,*
> *mit, ob, plus, um, was, wes* (aber: *wessen*) …

2/5 | **Lange Vokale (Grundregel)**

Der betonte Vokal ist in den meisten Fällen *lang,*
a) wenn nur *ein* Konsonant folgt.
> *jeder, Käfer, aber* …
b) wenn überhaupt *kein* Konsonant folgt.
> *Gnu, Po, da* …

2/6 | **Dehnungs-h**

Das Dehnungs-h steht zwischen einem langen, betonten Vokal und einem nachfolgenden kurzen Vokal.
> *nahen, bejahen* (aber: *ja*), *drehen, drohen, Ruhe, fähig, Höhe* …
> Ausnahmen:
> *Bö/Böen, säen*

Wenn ein Dehnungs-h in einer erweiterten Wortform steht, bleibt es auch in kurzen Wortformen erhalten.
> *Kuh* (wegen *Kühe*) *früh* (wegen *früher*)
> *zäh* (wegen *zäher*)

Das Dehnungs-h steht auch in vielen – aber nicht in allen – Wörtern zwischen dem langen, betonten Vokal und l, m, n, r.
> *Dahlie, befehlen, Höhle* …
> *lahm, benehmen, Ruhm* …
> *ahnen, Sohn, Huhn* …
> *Bahre, bohren, Uhr* …
> (aber: Kur, Qual, Wal …)

Das Dehnungs-h bleibt in allen Verbformen und Ableitungen erhalten.
> *befehlen, befiehlt, befahl, befohlen*
> *drehen, gedreht – Draht*
> *sehen, sieht, sah, gesehen*
> *nehmen, nahm – Nachnahme*
> Ausnahmen:
> *Blüte* (trotz: *blühen*)
> *Glut* (trotz: *glühen*)

eih steht nur in den folgenden Wörtern:

> ged**eih**en, Gew**eih**, l**eih**en, R**eih**e, R**eih**er,
> s**eih**en, verz**eih**en, w**eih**en, W**eih**er

ih steht nur in den folgenden Wörtern:

> **ih**m, **ih**n, **ih**nen, **ih**r, **Ih**le (= Hering)

ieh steht nur in den folgenden Wörtern:

> fl**ieh**en, V**ieh**, w**ieh**ern, z**ieh**en

Vokalverdopplung   2/7

Bei einigen Wörtern wird das lange a, e, o geschrieben: *aa, ee, oo*.
(*ii* und *uu* gibt es im Deutschen nicht!)

> **Aa**l, H**aa**r (aber: Härchen), P**aa**r (aber: Pärchen),
> S**aa**l (aber: Säle), St**aa**t, W**aa**ge …
> B**ee**re, B**ee**t, Schn**ee**, S**ee**, S**ee**le (aber: selig), T**ee** …
> B**oo**t (aber: Bötchen), M**oo**r, M**oo**s, Z**oo** …

Folgen auf *-ee* oder *-ie* die Endungen/Suffixe *-e, -en, -er, -es, -ell*,
dann lässt man ein *e* weg.

Aber:
Drei Konsonanten
→ Seite 19

der See	die S**ee**n (nicht: ~~Seeen~~)
die Idee	die Id**ee**n, id**ee**ll
das Knie	die Kn**ie**, kn**ie**n
sie schrie	alle schr**ie**n, geschr**ie**n
die Industrie	industr**ie**ll
die Armee	die Arm**ee**n
der Kaffee	des Kaff**ee**s

ie   2/8

Das lange *i* wird in den meisten Wörtern *ie* geschrieben.

> d**ie**, s**ie**ben, verl**ie**ben, Fr**ie**den, h**ie**r …
> Batter**ie**, Lotter**ie**, prob**ie**ren, fotograf**ie**ren …
> Es gibt aber viele Ausnahmen:
> d**i**r, m**i**r, w**i**r
> g**i**b, du g**i**bst, er g**i**bt (aber: ausg**ie**big, erg**ie**big)
> B**i**bel, B**i**ber, Br**i**se, F**i**bel, **I**gel, L**i**ter, N**i**sche, Pr**i**mel, T**i**ger …
> Sapir, Souven**i**r, Vamp**i**r …

2/9   **ä/e**

ä schreibt man, wenn es verwandte Wörter oder Wortformen mit *a* gibt.

sich rächen	wegen: *Rache*
die Stärke	wegen: *stark*
überschwänglich	wegen: *Überschwang*
nämlich	wegen: *Name*
behände	wegen: *Hand*

Mit *ä* oder *e* schreibt man:

die Schenke	wegen: *ausschenken*
oder: die Schänke	wegen: *Ausschank*
aufwendig	wegen: *aufwenden*
oder: aufwändig	wegen: *Aufwand*

Einige Wörter schreibt man mit *ä*, obwohl es keine Ableitung mit *a* gibt.

abwärts, ächzen, ähnlich, Ähre, allmählich, ätzend, Bär, dämmern, gähnen, Geländer, grässlich, hätscheln, kläffen, Lärm, März, sägen, Träne …

Einige Wörter schreibt man mit *e*, obwohl es verwandte Wörter mit *a* gibt.

die Eltern	trotz: *alt, älter*
schwenken	trotz: *schwanken*
schmecken	trotz: *Geschmack*
wecken	trotz: *wach*

2/10   **äu/eu**

äu schreibt man, wenn es verwandte Wörter oder Wortformen mit *au* gibt.

er läuft	wegen: *laufen*
die Mäuse	wegen: *Maus*
bläulich, verbläuen	wegen: *blau*
das Geräusch	wegen: *rauschen*
zerstäuben	wegen: *Staub*

Einige Wörter schreibt man mit *äu*, obwohl es keine Ableitung mit *au* gibt.

Knäuel, Räude, sich räuspern, Säule, sich sträuben …

2/11   **ei/ai**

Es gibt nur wenige Wörter, die mit *ai* geschrieben werden.

Hai, Hain, Kai, Kaiser, Laib, Laich, Laie, Mai, Mais, Saite, Waise …

Begriffliche Klärungen — 2/12

– Das deutsche Wort für „Vokal" ist *Selbstlaut*.
– Die deutschen Wörter für „Diphthong" sind *Doppellaut* und *Zwielaut*.

Unterscheidungsschreibung 2/13

Die folgenden Wörter werden gleich gesprochen, aber – je nach ihrer Bedeutung – unterschiedlich geschrieben. Man nennt diese Wörter „Homophone".

→ Seite 19

Äsche	(Fisch)		*Mohr*	(dunkelhäutiger Mensch)
Esche	(Laubbaum)		*Moor*	(Feuchtgebiet)
Färse	(junge Kuh)		*Reede*	(Ankerplatz vor d. Hafen)
Ferse	(Teil des Fußes)		*Rede*	(Ansprache)
her	(z. B. Komm her!)		*Saite*	(für Musikinstrumente)
Heer	(Armee)		*Seite*	(z. B. Buchseite)
Laib	(z. B. Brotlaib)		*Sohle*	(z. B. Fußsohle)
Leib	(Körper)		*Sole*	(salzhaltiges Wasser)
Lärche	(Nadelbaum)		*Stil*	(Kunstrichtung)
Lerche	(Vogel)		*Stiel*	(Griff, Stängel)
leeren	(leer machen)		*Uhr*	(Zeitmesser)
lehren	(unterrichten)		*ur-*	(aus früherer Zeit)
Lid	(Augendeckel)		*wahr*	(der Wirklichkeit entspr.)
Lied	(Gesang)		*war*	(von „sein": er war da)
mahlen	(zerkleinern)		*währen*	(dauern)
malen	(abbilden)		*wären*	(Form von „sein")
Meer	(Ozean)		*Waise*	(elternloses Kind)
mehr	(viel, mehr, am meisten)		*Weise*	(Philosoph)
Mine	(Sprengkörper)		*wider*	(gegen)
Miene	(Gesichtsausdruck)		*wieder*	(noch einmal)

3 Konsonanten

Viehtrie**b**   Wil**d**wechsel   Flu**g**betrieb

3/1   **Einteilung der Konsonanten**

Die Konsonanten werden eingeteilt in *einfache* Konsonanten und Konso-
nanten*verbindungen*.
  Einfache Konsonanten:
  b, ch, d, f, g, h, j, k, l, m, n, p, r, s, sch, t, v, w
  Konsonantenverbindungen:
  qu [kw], x [ks], z [ts]

3/2   **Auslautverhärtung**

Die Konsonanten -b, -d, -g, -v, -w, -s werden am Silben-Ende und vor Kon-
sonanten innerhalb der Silbe wie p, t, k, f, ß ausgesprochen – ohne dass das
beim Schreiben berücksichtigt wird.
Man sagt: Das „weiche" b wird zum p „verhärtet", das „weiche" d wird
zum t „verhärtet" usw.

Beim Schreiben entstehen Unsicherheiten
vor allem bei b/p, d/t, g/k, s/ß.

-b steht, wenn es erweiterte Wortformen oder verwandte Wörter mit *-b* gibt.
  *das Lo**b**, er lo**bt***   wegen: *lo**b**en, lo**b**enswert*
  *trü**b**, trü**b**selig*   wegen: *trü**b**e, eintrü**b**en, die Trü**b**ung*
  *Viehtrie**b***   wegen: *treiben, Vertreibung*
-p steht, wenn es erweiterte Wortformen oder verwandte Wörter mit *-p* gibt.
  *das Cam**p***   wegen: *Cam**p**ing, cam**p**en*
  *der Ty**p***   wegen: *Ty**p**en, ty**p**isch*

-d steht, wenn es erweiterte Wortformen oder verwandte Wörter mit *-d* gibt.

die Geduld	wegen: *geduldig, sich gedulden*
der Wildwechsel	wegen: *die Wilden, verwildern*
das Rad	wegen: *des Rades, radeln, rädern*

-t steht, wenn es erweiterte Wortformen oder verwandte Wörter mit *-t* gibt.

der Gastwirt	wegen: *die Gastwirte, bewirten*
der Rat	wegen: *beraten, des Rates, zu Rate gehen*

-g steht, wenn es erweiterte Wortformen oder verwandte Wörter mit *-g* gibt.

der Betrug	wegen: *betrügen, der Betrüger*
der Flugbetrieb	wegen: *fliegen, geflogen, Flügel*

-k steht, wenn es erweiterte Wortformen oder verwandte Wörter mit *-k* gibt.

der Dank	wegen: *danken, des Dankes*
das Boot sank	wegen: *sinken, versunken*

-s steht, wenn es erweiterte Wortformen oder verwandte Wörter mit *-s* gibt.

der Preis, preiswert	wegen: *die Preise, preisen*
das Haus, häuslich	wegen: *die Häuser, hausen, zu Hause*

-ß steht, wenn es erweiterte Wortformen oder verwandte Wörter mit *-ß* gibt.

der Fleiß	wegen: *fleißig, sich befleißigen*
der Strauß	wegen: *die Sträuße*

---

ss/ß 3/3

Das scharfe (stimmlose) [s] schreibt man

a) nach kurzem Vokal: *ss*
   das Schloss, der Fluss, flüssig, der Genuss,
   wissen, er wusste, ein bisschen …

b) nach langem Vokal oder Diphthong: *ß*
   Grieß, groß, grüßen, Straße, Floß …
   draußen, Fleiß, beißen, heißen, ich weiß …

Diphthong
→ Seite 8

Beachte die Endung *-st* beim Verb und beim Adjektiv:
Man lässt ein s weg, wenn der Stamm auf -s, -ss, -ß, -x, -z endet.

du reist (von reisen)	nicht:	~~du reis/st~~
du hasst (von hassen)	nicht:	~~du hass/st~~
der größte (von groß)	nicht:	~~größ/ste~~

3 Konsonanten

3/4 **sp, st**

Den Laut [ʃ] schreibt man *sch*.
schielen, Schule, Maschine …
Vor *p* und *t* schreibt man aber nur *s*.
spielen, Spott, spät …
Stunde, stets, hinstellen …

3/5 **v**

Für den Laut [f] schreibt man *v*

Präfix
→ Seite 20

a) in dem Präfix *ver-*:
Verbrecher, verteilen, sich verlaufen …

b) am Anfang einiger Wörter:
Vater, Veilchen, Vetter, Vieh, viel, vielleicht, vier,
Vogel, Volk, voll, von, vor, vorn …
c) im Wortinnern einiger Fremdwörter:
Frevel, Larve, Nerven …

Statt *w* schreibt man *v* in den meisten Fremdwörtern.
Aktivität, Motivation, privat, Revolution, Vase, Virus, zivil …
(In manchen Gegenden wird bei einigen Wörtern das *v* statt [w] auch [f]
gesprochen, wie zum Beispiel in *evangelisch* und *November*.)

3/6 **x/chs/ks**

Statt *x* schreibt man in einigen Wörtern

a) *chs:*
Achse, Achsel, Büchse, Dachs, drechseln, Echse, Flachs, Fuchs, Lachs,
Luchs, Nachwuchs, Ochse, sechs, Wachs, wachsen, Wechsel …
b) *ks:*
Keks, schlaksig …

3/7 **z/tz/zz**

z steht
a) am Wortanfang:
zwei, zehn, zeichnen, Zucker, zweifeln, zufrieden …
b) nach -l, -n, -r:
Holz, stolz; ganz, Grenze; Arzt, stürzen …

c) nach langem Vokal:
     duzen, Kapuze …

d) nach Diphthong:
     Schnauze, Heizung, Weizen, reizen, Kreuz …

Diphthong
→ Seite 8

tz steht nach kurzem Vokal.
     Aufsatz, Katze, Matratze, nützlich, sitzen, sich verletzen …

zz kommt nur in einigen Fremdwörtern vor.
     Muezzin, Pizza, Razzia, Skizze …

Konsonanten-
verdopplung
→ Seite 10

Drei Konsonanten   3/8

Wenn drei gleiche Konsonanten aufeinandertreffen, werden alle *drei* geschrieben.
     Schritttempo, Schifffahrt, Baletttänzer …

Es kann aber auch ein Bindestrich gesetzt werden.
     Schritt-Tempo, Schiff-Fahrt, Balett-Tänzer …

Nur *zwei* Konsonanten (nicht drei) stehen in den Wörtern:

dennoch	nicht:	~~denn/noch~~
Drittel	nicht:	~~Dritt/tel~~
Mittag	nicht:	~~Mitt/tag~~

Unterscheidungsschreibung   3/9

> Die folgenden Wörter werden gleich gesprochen, aber – je nach ihrer Bedeutung – unterschiedlich geschrieben. Man nennt diese Wörter „Homophone".

→ Seite 15

bis	(z. B. bis morgen)	*Ferse*	(Teil des Fußes)
biss	(Form von *beißen*)	*Verse*	(Zeilen eines Gedichts)
fiel	(Form von *fallen*)	*seid*	(Form von *sein*)
viel	(viel, mehr, am meisten)	*seit*	(z. B. *seit gestern, seitdem*)

Begriffliche Klärungen   3/10

Das deutsche Wort für „Konsonant" ist *Mitlaut*.

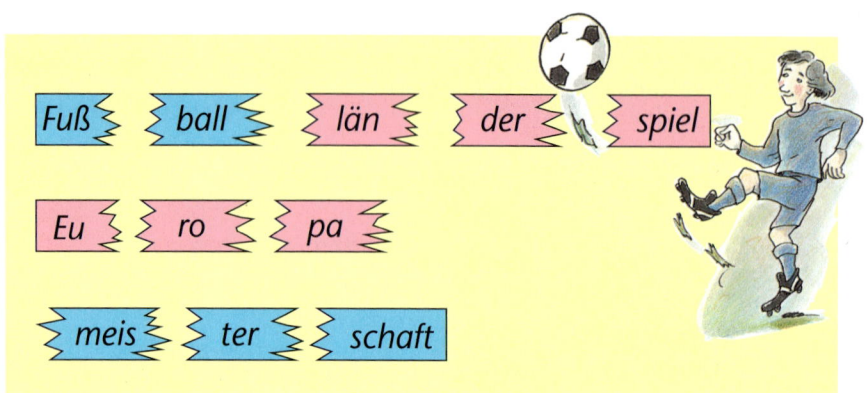

Sprechsilben

Jedes Wort besteht aus *einer* oder *mehreren* Silben. Beim langsamen Spre-
chen kann man die Pausen zwischen den Silben deutlich hören.

> *Fuß / ball*
>
> *Länd / der / spiel*

Silben können *offen* oder *geschlossen* sein.

Offene Silben enden mit einem Vokal oder Diphthong.

Diphthong
→ Seite 8

> *Eu / ro / pa*

Eine offene Silbe kann auch aus einem einzigen Vokal oder Diphthong
bestehen.

> *o / der,   Eu / ro / pa*

Geschlossene Silben enden mit einem Konsonanten.

> *Fuß / ball, Meis / ter / schaft*

Die Silben können *betont (akzentuiert)* oder *unbetont* sein.

> *Fuß / ball, Eu / ro / pa*

Präfix

Präfixe sind Vorsilben, die Wortart und Wortbedeutung verändern.
Ein Wort kann mehrere Präfixe haben.

Ent / scheidung	*Ge / bäude*	*ab / biegen*
un / ent / schieden	*Ge / schmack*	*ab / ver / kaufen*
ent / gegen	*ge / schehen*	*Ab / fall*

Unterscheide *end-* und *ent-*. (*end-* hängt mit *Ende* zusammen.)

> *End*spurt, *End*station, *end*lich, *end*los, *End*ung, *end*gültig …
>
> *Ent*schluss, *ent*gegen, *Ent*fernung, *ent*scheiden …

Endung, Suffix

4/3

Endungen zeigen beim Nomen/Substantiv den Kasus und den Numerus an, beim Verb die Verbformen.

Kasus
→ Seite 32

> *die Schule – die Schulen*   *ich komme – du kommst*

Suffixe sind Nachsilben (oder Schlusssilben), die Wortart und Wortbedeutung verändern. Ein Wort kann mehrere Suffixe haben.

Numerus
→ Seite 30

*Persön / **lich** / **keit***	*frucht / **bar***	*stand / **haft***
*fröh / **lich***	*genieß / **bar***	*helden / **haft***
*ängst / **lich***	*ess / **bar***	*sess / **haft***

Unterscheide -*lich* und -*lig*.
Bei -*lich* gehört das -*l*- zum Suffix.
Bei der Verlängerung des Wortes hört man -ch-.

> *end / **lich***   *(end / liche)*
> *persön / **lich***   *(persön / liche)*
> *mög / **lich***   *(alles Mög / liche)*

Bei -*lig* gehört das -*l*- zum Stamm, das Suffix ist nur -*ig*.
Bei der Verlängerung des Wortes hört man -g-.

> *freiwil / **lig***   *(freiwil / lige)*
> *langwei / **lig***   *(langwei / lige)*
> *zufäl / **lig***   *(zufäl / lige)*

In manchen Wörtern wird das Suffix -*ig* in der Hochsprache zwar mit -ch- gesprochen, aber mit -g- geschrieben.

> *ewig, Ewigkeit*   wegen: *ewige, verewigen*

Worttrennung am Zeilenende

4/4

Am Zeilenende trennt man die Wörter immer nach ihren Sprechsilben. Einzelvokale werden nicht abgetrennt.

> *Eu- ro- pa- meis- ter- schaft*
> *Abend* (untrennbar)

Das gilt auch für Fremdwörter und für deutsche Wörter, deren sprachhistorische Zusammensetzung nicht mehr empfunden wird.

Richtig ist auch:

hi- nauf	*hin- auf*
he- ran	*her- an*
wa- rum	*war- um*
ei- nan- der	*ein- an- der*
Feb- ru- ar	*Fe- bru- ar*
in- te- res- sant	*in- ter- es- sant*

Fortsetzung
→ nächste Seite

Getrennt werden *p-f, s-t, s-p.*
> Gi**p**- **f**el, ta**p**- **f**er
> Fen**s**- **t**er, Mei**s**- **t**er, mei**s**- **t**ens, er**s**- **t**er
> Kno**s**- **p**e, Ka**s**- **p**er

Nicht getrennt werden *ch, ph, rh, sch, sh, ß, th* und *ck.*
> Kü- **ch**e, Sa- **ch**e, si- **ch**er – Sa- **ph**ir, Myr- **rh**e –
> Deut- **sch**e – hei- **ß**en, sto- **ß**en, grü- **ß**en – Zi- **th**er –
> Zu- **ck**er, ba- **ck**en, schme- **ck**en, we- **ck**en, schmü- **ck**en

Suffixe und Endungen werden *nicht* gesondert abgetrennt.
> Entschei- **dung**   nicht: ~~Entscheid- ung~~
> Lehre- **rin**   nicht: ~~Lehrer- in~~

5 Aufbau eines Wortes

Wortstamm, Präfix, Suffix, Endung

Stamm:
Glück

Suffix, Endung
→ Seite 21

Suffix:

glück — lich

Präfix
→ Seite 114

Präfix:

Un — glück

Präfix: **Suffix:**

un — glück — lich

Präfix: **Präfix:**   **Endung:**

ver — un — glück — en

Zusammengesetzte
Nomen/Substantive
→ Seite 36

Zusammengesetztes Wort:

Glück — wunsch

Endung:

Glück — wünsch — e

Die Wortarten

Nomen / Substantiv   Genus   Numerus

Deklination   **Artikel**   **Pronomen**   Demons-

trativpronomen   Indefinitpronomen   Inter-

rogativpronomen   Personalpronomen   Pos-

sessivpronomen   Reflexivpronomen   Relativ-

pronomen   **Numerale**   **Adjektiv**   Komparation

Verben   Infinitiv   Partizip   Konjugation

Präsens   Perfekt   Präteritum   Plusquamperfekt

Futur   Aktiv   Passiv   Konjunktiv   **Adverb**

Präposition   **Konjunktion**   **Interjektion**

6 Nomen/Substantive

*Die **Oma** betrachtet ihren **Enkelsohn** nachdenklich.*
*„Weißt du, **Roman**, eigentlich hast du große **Ähnlichkeit** mit mir.“*
*Der **Junge** ist großzügig: „Das macht nichts, **Oma**. **Männer** müssen nicht schön sein.“*

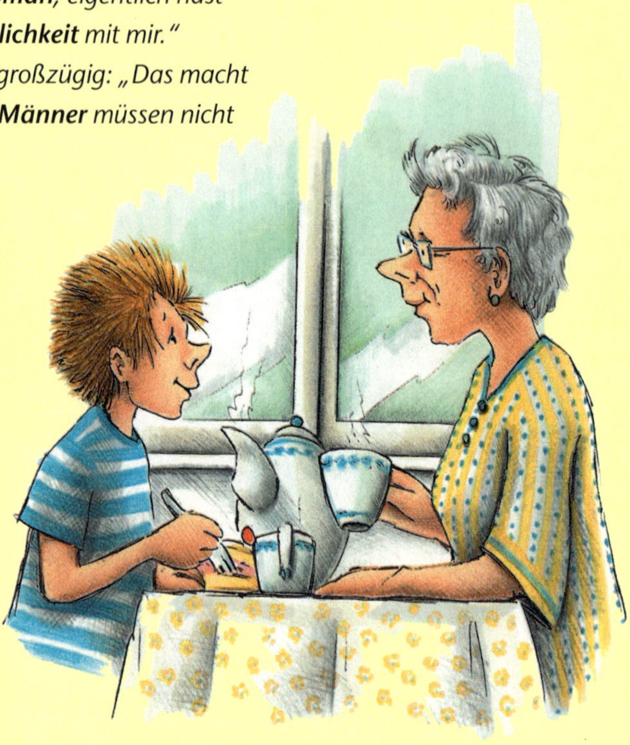

6/1 Großer Anfangsbuchstabe

Alle Nomen/Substantive werden mit großem Anfangsbuchstaben geschrieben.

*die **O**ma*	*der **S**piegel*
*der **E**nkelsohn*	*das **G**esicht*
*die **Ä**hnlichkeit*	*die **F**alten*
*die **M**änner*	*die **I**ronie*

Allein schon wegen der Rechtschreibung ist es also wichtig, Nomen/Substantive sicher erkennen zu können.

Wie erkennt man Nomen/Substantive?   6/2

① Vor dem Nomen/Substantiv kann ein **Artikel** stehen.

Artikel
→ Seite 38

  – Bestimmter Artikel:

     der Enkelsohn

     die Oma

     das Kind

     der Einzelne

  – Unbestimmter Artikel:

     ein Enkelsohn

     eine Schülerin

     ein Kind

     ein Einzelner

  – Artikel und Präposition verschmolzen:

Präposition + Artikel
→ Seite 40

     im Heft   *(= in dem Heft)*

     aufs Beste   *(= auf das Beste)*

     beim Zahnarzt *(= bei dem Zahnarzt)*

② Nomen/Substantive haben ein grammatisches **Geschlecht** (Genus).

Genus
→ Seite 28

männlich	weiblich	sächlich
(Maskulinum)	(Femininum)	(Neutrum)
der Enkelsohn	*die* Oma	*das* Kind
der Spiegel	*die* Ähnlichkeit	*das* Beste

③ Nomen/Substantive stehen in einem der vier **Fälle** (Kasus).

Kasus
→ Seite 32

    Die Oma (Nominativ) *betrachtet*

      ihren Enkelsohn (Akkusativ).

④ Nomen/Substantive kann man mit **Attributen** und **Attributsätzen** näher bestimmen.

Attribut
→ Seite 152

  – Attribute:

     *die **liebe** Oma*

Adjektiv
→ Seite 62

     *der **schöne** Enkelsohn*

     *die **gute** Schülerin*

     ***meine** Oma*

Possessivpronomen
→ Seite 50

     *die Oma **des kleinen Jungen***

     *eine Schülerin **aus der Nebenklasse***

     *der Erste **des Monats***

  – Attributsätze:

Attributsätze
→ Seite 156

     *die Oma, **die immer lieb zu dir ist** …*

     *das Beste, **was du tun konntest** …*

     *das Buch, **das hier auf dem Tisch lag** …*

6/3 Andere Wörter als Nomen/Substantive

Im Deutschen kann *jedes Wort* auch als Nomen/Substantiv gebraucht werden.
Auf diese Wörter treffen dann genau dieselben Erkennungsmerkmale zu wie auf die eigentlichen Nomen/Substantive.

Verb
→ Seite 70

Attribut
→ Seite 152

Adjektiv
→ Seite 62

Personalpronomen
→ Seite 48

Numerale
→ Seite 58

Adverb
→ Seite 118

Konjunktion
→ Seite 126

Verb	Nomen/Substantiv
am Computer **arbeiten**	das **Arbeiten** am Computer (Artikel, Neutrum, Attribut)

Adjektiv	Nomen/Substantiv
die **guten** Taten	das **Gute** tun (Artikel, Neutrum, Akkusativ)

Personalpronomen	Nomen/Substantiv
ich habe das Gedicht gelesen	das lyrische **Ich**

Numerale	Nomen/Substantiv
zwei Klassenarbeiten	eine **Zwei** im Aufsatz schreiben (Artikel, Femininum, Akkusativ)

Adverb	Nomen/Substantiv
heute Nachmittag	das **Hier** und **Heute**

Konjunktion	Nomen/Substantiv
ich nicht, **aber** du	Kein **Aber** mehr!

Wörter, die als Nomen/Substantive gebraucht werden, schreibt man mit großem Anfangsbuchstaben.

Umgekehrt kommt es vor, dass Nomen/Substantive als andere Wortarten gebraucht werden. Dann treffen die Merkmale auf sie nicht mehr zu und man schreibt sie klein.

Nomen/Substantiv	Adjektiv
Das ist deine **Schuld.**	Du bist **schuld** (= schuldig).
einen **Schaden** verursachen	Das ist **schade.**

Nomen/Substantiv	Adverb
am nächsten **Morgen**	**morgens** in aller Frühe

Präposition
→ Seite 122

Nomen/Substantiv	Präposition
vielen **Dank!**	**dank** der großzügigen Hilfe

Nomen/Substantiv	Konjunktion
auf jeden **Fall**	… **falls** du noch Zeit hast.

Begriffliche Klärungen ──────────────────── 6/4

- Sowohl „Nomen" als auch „Substantiv" sind übliche Bezeichnungen. Der Plural lautet: die Nomen (auch: die Nomina), die Substantive.
- Die deutschen Wörter für „Nomen" bzw. „Substantiv" sind: *Hauptwort, Dingwort, Namenwort.*
- Wörter, die als Nomen/Substantive gebraucht werden, heißen auch *nominalisierte/substantivierte Wörter.* So bezeichnet man zum Beispiel ein Adjektiv, das als Nomen/Substantiv gebraucht wird, als *nominalisiertes Adjektiv* bzw. *substantiviertes Adjektiv.*
  Der Duden verwendet den Begriff *substantivisch gebrauchte Wörter.*

Alles verstanden?

Welche Wörter werden hier als Nomen/Substantive gebraucht?

Das Gute
– dieser Satz steht fest –
ist stets
das Böse,
was man lässt.
                    WILHELM BUSCH

Das Denken gehört zu den größten Vergnügungen der menschlichen Rasse.
                    BERTOLT BRECHT

Die Konjugation hat Recht:
ohne Ich kein Du, kein Er,
keine Sie usw. Nichts ist,
wo nicht Ichs sind.
                    KURT MARTI

Ein gutes Gespräch ist ein Kompromiss zwischen Reden und Zuhören.
                    ERNST JÜNGER

7 Genus

wie es allmählich bis zu mir kam

der
die

der **vater**
die **mutter**

der **vater** und
die **mutter** und

der **vater** und die
die **mutter** und der

der **vater** und die **mutter**
die **mutter** und der **vater**

der **vater** und die **mutter** und
die **mutter** und der **vater** und

der **vater** und die **mutter** und ich

ERNST JANDL

*(Das Kleinschreiben der Nomen/Substantive
in diesem Gedicht ist „dichterische Freiheit".)*

7/1 Natürliches Geschlecht

Alle Nomen/Substantive haben ein grammatisches Geschlecht (Genus). Sie sind entweder *männlich* (Maskulinum), *weiblich* (Femininum) oder *sächlich* (Neutrum).

Bei vielen Nomen/Substantiven stimmt das natürliche Geschlecht mit dem grammatischen Geschlecht überein.

Maskulinum	Femininum
der Vater	*die Mutter*
der Sohn	*die Tochter*
der Hund	*die Hündin*

Manchmal widerspricht das grammatische Geschlecht dem natürlichen Geschlecht:

Femininum	Neutrum
die Waise	*das Kind*
die Drossel	*das Mädchen*
die Maus	*das Huhn*
die Drohne …	*das Pferd …*

Grammatisches Geschlecht

Alle Nomen/Substantive haben ein grammatisches Geschlecht (Genus), auch dann, wenn überhaupt kein natürliches Geschlecht vorhanden ist.

Maskulinum	Femininum	Neutrum
der Schlüssel	die Tür	das Fenster
der Bleistift	die Schreibmaschine	das Papier
der Aufsatz	die Klassenarbeit	das Zeugnis
der Versuch	die Tat	das Ergebnis

Doppeltes Genus

Einige Nomen/Substantive haben zwei mögliche Genera:

der/das Liter	der/das Keks	der/das Dotter
das/der Gulasch	das/der Podest	das/der Marzipan

Einige Nomen/Substantive haben zwei Bedeutungen.
Man kann am Genus erkennen, welche Bedeutung gemeint ist.

der Band (Buch)	das Band (zum Binden)
der Bund (Vereinigung)	das Bund (z. B. Mohrrüben)
der Erbe (Person)	das Erbe (Hinterlassenschaft)
der Flur (Korridor)	die Flur (Feld)
der Gehalt (Wert)	das Gehalt (Lohn)
der Golf (Meeresbucht)	das Golf (Spiel)
der Heide (Nichtchrist)	die Heide (Ödland)
der Hut (Kopfbedeckung)	die Hut (Vorsicht)
der Kiefer (Knochen)	die Kiefer (Nadelbaum)
der Kunde (Käufer)	die Kunde (Nachricht)
der Laster (Lkw)	das Laster (Untugend)
der Leiter (Chef)	die Leiter (zum Steigen)
der Mast (lange Stange)	die Mast (Fütterung)
der See (Binnengewässer)	die See (Meer)
die Steuer (Abgabe an den Staat)	das Steuer (zum Lenken)
der Tau (Niederschlag)	das Tau (Seil)

Begriffliche Klärungen

Das deutsche Wort für „das Genus" ist *grammatisches Geschlecht*.
Der Plural von „Genus" lautet: die Genera.

8 Numerus

Schüler lieben **Füller**

*Deutschlands **Schüler** schreiben am liebsten
mit dem **Füller**. Das ergab eine am Donnerstag
veröffentlichte Umfrage unter 1 000 jungen
Leuten. Auf den **Füller** entfielen 61 Prozent.
Auf Platz zwei folgen mit 46 Prozent die **Bleistifte**,
am dritthäufigsten wurden mit 40 Prozent die
Buntstifte genannt. In Frankreich und England
stehen dagegen **Bleistifte** mit 85 beziehungsweise
73 Prozent an erster Stelle.*

8/1 Singular/Plural

Jedes Nomen/Substantiv steht in einem Numerus.
Man unterscheidet zwei Numeri: *Einzahl* (Singular) und *Mehrzahl* (Plural).
Die meisten Nomen/Substantive können sowohl im Singular als auch im
Plural gebraucht werden.

Singular	Plural
ein Schüler	*viele Schüler*
eine Umfrage	*viele Umfragen*
ein Bleistift	*einige Bleistifte*

8/2 Singularwörter

Einige Nomen/Substantive kommen nur im Singular vor.

der Schnee	*die Wolle*	*das Kupfer*
der Sauerstoff	*die Milch*	*das Eisen*
der Schmuck	*die Polizei*	*das Obst*
der Fleiß	*die Liebe*	*das Glück …*

8/3 Pluralwörter

Einige Nomen/Substantive kommen nur im Plural vor.

die Eltern	*die Ferien*
die Leute	*die Kosten …*

Pluralformen

Es gibt im Deutschen sehr viele Möglichkeiten, wie die verschiedenen Nomen/Substantive ihre Pluralformen bilden.
(Ausländer müssen bei jedem Nomen/Substantiv den Plural mitlernen.)

	Singular	Plural
-e (ohne Umlaut):	*der Tag*	*die Tage*
	der Hund	*die Hunde*
-e (mit Umlaut):	*der Fluss*	*die Flüsse*
	die Nacht	*die Nächte*
-en:	*die Frau*	*die Frauen*
	der Schmerz	*die Schmerzen*
-n:	*der Muskel*	*die Muskeln*
	der Vetter	*die Vettern*
-er (ohne Umlaut):	*das Kleid*	*die Kleider*
	das Bild	*die Bilder*
-er (mit Umlaut):	*das Buch*	*die Bücher*
	das Blatt	*die Blätter*
-s:	*das Hotel*	*die Hotels*
	das Hobby	*die Hobbys*
– (nur mit Umlaut):	*der Schaden*	*die Schäden*
	der Laden	*die Läden*
– (ohne Änderung):	*der Schüler*	*die Schüler*
	der Füller	*die Füller*

Umlaut
→ Seite 8

Einige Fremdwörter haben besondere Pluralformen.

Singular	Plural	Singular	Plural
der Atlas	*die Atlanten/*	*der Modus*	*die Modi*
	die Atlasse	*das Praktikum*	*die Praktika*
der Bus	*die Busse*	*das Prinzip*	*die Prinzipien*
das Datum	*die Daten*	*der Rhythmus*	*die Rhythmen*
das Dogma	*die Dogmen*	*das Tempus*	*die Tempora*
das Drama	*die Dramen*	*der Terminus*	*die Termini*
das Epos	*die Epen*	*das Zentrum*	*die Zentren*
das Genus	*die Genera*	*das Lexikon*	*die Lexika/*
der Kaktus	*die Kakteen*		*die Lexiken*

Begriffliche Klärungen

– Das deutsche Wort für „der Numerus" ist *Zahl, Anzahl.*
  Der Plural von „Numerus" lautet: die Numeri.
– Die *schwache Deklination* hat außer im Nominativ nur Formen auf *-en: der Mensch, des Menschen, die Menschen …*

*Neuerdings sieht man ein seltsames **Verkehrsschild** an der **Bundes-straße** 42 zwischen **Rüdesheim** und **Lorch**. Tief fliegende **Mauersegler** waren mehrfach auf der **Jagd** nach **Insekten** gegen die **Windschutz-scheiben** der **Autos** geflogen. Die **Polizei** ließ daraufhin das neue **Verkehrsschild** anfertigen und ver-ringerte die **Höchstgeschwindigkeit** auf 60 km/h. Die **Maßnahme** dient dem **Schutz** der **Autofahrer** und der **Vögel**.*

Wenn man ein Nomen/Substantiv im Satz gebraucht, steht es immer in einem der vier Fälle (Kasus).

9/1 Nominativ

Der 1. Fall heißt *Nominativ*.
Nach dem Nominativ fragt man: *Wer oder was …?*
> *Mauersegler waren gegen die Windschutzscheiben geflogen.*
> *(**Wer oder was** war gegen die Windschutzscheiben geflogen?*
> *– **Mauersegler**.)*
> *Die Polizei ließ das Verkehrsschild anfertigen.*
> *(**Wer oder was** ließ das Verkehrsschild anfertigen?*
> *– **Die Polizei**.)*

9/2 Genitiv

Der 2. Fall heißt *Genitiv*.
Nach dem Genitiv fragt man: *Wessen …?*
> *Mauersegler waren gegen die Windschutzscheiben der Autos geflogen.*
> *(Gegen **wessen** Windschutzscheiben waren sie geflogen?*
> *– … **der Autos**.)*
> *Die Maßnahme dient dem Schutz der Autofahrer.*
> *(**Wessen** Schutz dient die Maßnahme?*
> *– … **der Autofahrer**.)*

Dativ 9/3

Der 3. Fall heißt *Dativ*.
Nach dem Dativ fragt man: *Wem …?*

> *… auf der Jagd nach Insekten …*
> *(Auf der Jagd nach **wem**?*
> *– … nach **Insekten**.)*
> *Diese Maßnahme dient dem Schutz der Autofahrer.*
> *(**Wem** dient diese Maßnahme?*
> *– … dem **Schutz**.)*

Akkusativ 9/4

Der 4. Fall heißt *Akkusativ*.
Nach dem Akkusativ fragt man: *Wen oder was …?*

> *Man sieht ein seltsames Verkehrsschild.*
> *(**Wen oder was** sieht man?*
> *– … ein **Verkehrsschild**.)*
> *Die Polizei verringerte die Höchstgeschwindigkeit auf 60 km/h.*
> *(**Wen oder was** verringerte die Polizei?*
> *– … **die Höchstgeschwindigkeit**.)*

Pronomen (Stellvertreter) 9/5

Auch Pronomen stehen in einem der vier Fälle, wenn sie Stellvertreter für das
Nomen/Substantiv sind.

> *Neuerdings sieht **man** ein seltsames Verkehrsschild.*   Indefinitpronomen
> *(**Wer oder was** sieht das Verkehrsschild?*   → Seite 44
> *– … **man**. Nominativ)*
> ***Ich** finde dieses Verkehrsschild überflüssig.*
> *(**Wer oder was** findet das Verkehrsschild überflüssig?*
> *– … **ich**. Nominativ)*
> *Die Autofahrer müssen **es** beachten.*   Personalpronomen
> *(**Wen oder was** müssen die Autofahrer beachten?*   → Seite 48
> *– … **es**. Akkusativ)*

Begriffliche Klärungen 9/6

– Das deutsche Wort für „Deklination" ist *Beugung*.
– Nomen/Substantive, Artikel, Adjektive, Pronomen und Numerale werden *dekliniert*.

Die Nachtigall und der Pfau

Eine gesellige **Nachtigall** fand unter den **Sängern** des **Waldes** **Neider** die **Menge**, aber keinen **Freund**.

„Vielleicht finde ich ihn unter einer anderen **Gattung**", dachte die **Nachtigall** und flog zu dem **Pfau**.

„Ich bewundere deine **Schönheit**", sagte sie zu ihm.

„Ich bewundere deinen **Gesang**", sagte der **Pfau**.

„So lass uns **Freunde** sein", sprach die **Nachtigall**. „Wir beneiden uns nicht gegenseitig. Du bist dem **Auge** so angenehm wie ich dem **Ohr**."

(Nach GOTTHOLD EPHRAIM LESSING)

	Genus	Numerus	Kasus
Nachtigall	Fem.	Sg.	Nom.
Sängern	Mask.	Pl.	Dat.
Waldes	Mask.	Sg.	Gen.
Neider	Mask.	Pl.	Akk.
Menge	Fem.	Sg.	Akk.
Freund	Mask.	Sg.	Akk.
Gattung	Fem.	Sg.	Dat.
Nachtigall	Fem.	Sg.	Nom.
Pfau	Mask.	Sg.	Dat.
Schönheit	Fem.	Sg.	Akk.
Gesang	Mask.	Sg.	Akk.
Pfau	Mask.	Sg.	Nom.
Freunde	Mask.	Pl.	Nom.
Nachtigall	Fem.	Sg.	Nom.
Auge	Neutr.	Sg.	Dat.
Ohr	Neutr.	Sg.	Dat.

Deichwanderung
*mit **Naturschützern***

*Zu einer Wanderung entlang
der **Deichlinie** im **Naturschutz-
gebiet** „Petkumer **Deichvor-
land**" lädt am Sonntag,
6. April, die **Kreisgruppe**
Emden im **Naturschutzbund**
Deutschland ein. Es sollen
Rast- und **Brutvögel** beobach-
tet werden. **Treffpunkt**: 9 Uhr
am **Fähranleger**.*

Im Deutschen können zwei oder mehrere Nomen/Substantive zusammen-
gesetzt werden und ergeben dann ein neues Nomen/Substantiv.

Zwei Nomen/Substantive:
Deich / wanderung
Natur / schützer

Drei Nomen/Substantive:
Natur / schutz / gebiet
Umwelt / schutz / maßnahme

Sehr viele Nomen/Substantive:
Donau / dampf / schiff / fahrts / gesellschafts / kapitän

Grundwort, Bestimmungswort

Ein zusammengesetztes Nomen/Substantiv besteht aus einem Grundwort
und einem oder mehreren Bestimmungswörtern.
Das *letzte* Wort ist immer das *Grundwort*. Nach ihm richtet sich das Genus
(Geschlecht) und damit der Artikel des Nomens/Substantivs.

die** Deich / **wanderung
das** Natur / schutz / **gebiet

Die Nomen/Substantive *vor* dem Grundwort sind die *Bestimmungswörter*.
Attribut
→ Seite 152 Sie sind Attribute. (Man fragt: *Was für ein …?*)

***Deich** / wanderung, **Berg** / wanderung, **Nacht** / wanderung …*
(Was für eine Wanderung?)
***Natur** / **schutz** / gebiet, **Wasser** / **schutz** / gebiet,*
***Grenz** / gebiet, **Fach** / gebiet …*
(Was für ein Gebiet?)

Fugenzeichen 11/2

Zwischen den zusammengesetzten Nomen/Substantiven können manch-
mal Fugenzeichen stehen: *-s-, -es-, -ens-, -en-, -n-, -er-*.

> Gericht **-s-** beschluss
> Tag **-es-** licht
> Sonne **-n-** schein
> Schmerz **-ens-** geld
> Bild **-er-** rahmen

Wenn man nicht sicher ist, ob bei einem zusammengesetzten Nomen/
Substantiv ein Fugenzeichen gebraucht wird, muss man im Wörterbuch
nachsehen.

Bindestrich 11/3

Bindestriche stehen
– zwischen Zusammensetzungen aus *mehreren* Wörtern.

> der Erste-Hilfe-Lehrgang
> das Kopf-an-Kopf-Rennen
> eine 2-Zimmer-Wohnung
> die Adalbert-Stifter-Straße
> der Georg-Büchner-Preis

– bei Zusammensetzungen mit einzelnen Buchstaben und Abkürzungen.

> das T-Shirt
> die x-Achse
> der Kfz-Schlosser

– zur Erleichterung des Lesens von Zusammensetzungen.

> der Ich-Erzähler
> der Apotheken-Nachtdienst

Begriffliche Klärungen 11/4

– Alle zusammengesetzten Wörter werden *Komposita* genannt.
  (Singular: das Kompositum)
– Statt „Fugenzeichen" sagt man auch *Fugenelement*.
  Ein -s- als Fugenzeichen wird *Fugen-s* genannt.

> ### 122. Geburtstag der ältesten Erdenbürgerin
>
> Mehr als **ein** Jahrhundert liegen zwischen **dem** fünfjährigen Thomas und Jeanne Calment, der **der** Junge gestern in **einem** Seniorenheim **im** französischen Arles **zum** 122. Geburtstag gratulierte.
> Frau Calment ist **die** vermutlich älteste Erdenbürgerin.

12/1   Welche Artikel gibt es?

Es gibt zwei Artikel:
– Bestimmte Artikel:
> *der, die, das …*
– Unbestimmte Artikel:
> *ein, eine …*

12/2   Stellung

Der Artikel steht immer *vor* seinem Nomen/Substantiv.
> *der* Geburtstag
> *die* Erdenbürgerin
> *der* Junge
> *das* Seniorenheim

Zwischen Artikel und Nomen/Substantiv können andere Wörter stehen, zum Beispiel Adjektive, Zahlwörter – aber kein Possessivpronomen.

Possessivpronomen
→ Seite 50

> *der* **122.** Geburtstag
> *die* **älteste** Erdenbürgerin
> *der* **fünfjährige** Junge

Übereinstimmung (Kongruenz) von Artikel und Nomen/Substantiv | 12/3

Nomen/Substantiv und Artikel stimmen überein in Genus (Geschlecht), Numerus (Einzahl/Mehrzahl) und Kasus (Fall).

> **Der Geburtstag** fand in Arles statt.
> (Maskulinum, Nominativ, Singular)
> Die alte Dame empfing **die Gratulanten** im Seniorenheim.
> (Maskulinum, Akkusativ, Plural)

Genus
→ Seite 28

Numerus
→ Seite 30

Kasus
→ Seite 32

Formen des bestimmten Artikels | 12/4

Die Formen des bestimmten Artikels sind:

		Maskulinum	Femininum	Neutrum
Singular	Nominativ:	*der*	*die*	*das*
	Genitiv:	*des*	*der*	*des*
	Dativ:	*dem*	*der*	*dem*
	Akkusativ:	*den*	*die*	*das*
Plural	Nominativ:		*die*	
	Genitiv:		*der*	
	Dativ:		*den*	
	Akkusativ:		*die*	

Formen des unbestimmten Artikels | 12/5

Die Formen des unbestimmten Artikels sind:

		Maskulinum	Femininum	Neutrum
Singular	Nominativ:	*ein*	*eine*	*ein*
	Genitiv:	*eines*	*einer*	*eines*
	Dativ:	*einem*	*einer*	*einem*
	Akkusativ:	*einen*	*eine*	*ein*

Pluralformen des unbestimmten Artikels gibt es im Deutschen nicht. Man kann stattdessen gebrauchen: *manche, einige, viele.*

> Zum Geburtstag kam **ein** Gast.
> Zum Geburtstag kamen – Gäste
> Zum Geburtstag kamen **einige** Gäste.
> Zum Geburtstag kamen **viele** Gäste.

Unbestimmte
Numeralien
→ Seite 58

Die verneinte Form des unbestimmten Artikels ist *kein.*

> Der Junge brachte **kein** Geschenk mit.

  Verschmelzung

Präposition
→ Seite 122

Einige Präpositionen können mit dem bestimmten Artikel verschmelzen.

> *ans (= an das), aufs (= auf das), ins (= in das), ums (= um das) …*
> *am (= an dem), beim (= bei dem), im (= in dem), vom (= von dem),*
> *zum (= zu dem) …*
> *zur (zu der) …*
> *Ein Seniorenheim **im** französischen Arles.*

  Gebrauch

Der unbestimmte Artikel weist – wie der Name sagt – auf etwas Unbe-
stimmtes, noch nicht näher Identifiziertes hin. Im Textzusammenhang ist
von der Person/der Sache *zum ersten Mal* die Rede.
(Man kann den unbestimmten Artikel durch „irgendein …" ersetzen.)

Der bestimmte Artikel verweist auf etwas Bestimmtes, bereits Bekanntes.
Im Zusammenhang war davon schon die Rede.
(Man kann den bestimmten Artikel durch „dieser …" ersetzen.)

> Erste Erwähnung – unbestimmter Artikel:
> *In dem Zeitungsartikel wird von **einer** (irgendeiner) Frau berichtet.*
> Von ihr war jetzt bereits die Rede – bestimmter Artikel:
> ***Die** (diese) Frau wurde 122 Jahre alt.*

Wenn der bestimmte Artikel *betont* wird, deutet das auf die Einmaligkeit hin.
(Man kann den bestimmten Artikel durch „der/die/das einzige …" ersetzen.)

> *Das ist **die** Gelegenheit.*
> *Das ist **die** Geschenkidee.*

  Weglassen des Artikels

Der Artikel steht nur bei Nomen/Substantiven, die etwas bezeichnen, was
man *zählen* oder *messen* kann. Sonst lässt man den Artikel weg.

> *das Rezept, der Teig, der Kuchen …*
> Aber:
> *Ich brauche ∧ Mehl, ∧ Wasser und ∧ Salz.*
> *Mein Vater trinkt am liebsten ∧ Tee.*

Der Artikel wird bei Personennamen und oft auch bei geografischen Namen weggelassen.

> *Ich komme heute zu* ∧ *Stephanie.*
> ∧ *Goethe war ein großer deutscher Dichter.*
> ∧ *Berlin ist die Hauptstadt* ∧ *Deutschlands.*
> Aber:
> *die Nordsee, der Rhein, die Niederlande …*

Wenn der Eigenname näher bestimmt ist, steht der *bestimmte* Artikel.

> **der junge** *Goethe*
> **die Hauptstadt** *Berlin*

In vielen festen Wendungen steht *kein* Artikel.

> *zu* ∧ *Hause bleiben*
> *von* ∧ *Herzen gern*
> *in* ∧ *Betrieb nehmen*
> *von* ∧ *Tag zu* ∧ *Tag, bei* ∧ *Tag und* ∧ *Nacht*
> ∧ *Zeit haben*
> ∧ *Angst bekommen*

Artikel fehlen auch in Überschriften, Anzeigen, Telegrammen …

> ∧ *Großbrand im Kaufhaus*
> ∧ *Angestellter sucht* ∧ *2-Zimmer-Wohnung.*

Artikel als Stellvertreter   12/9

Wenn der Artikel nicht vor einem Nomen/Substantiv, sondern *anstelle* eines Nomens/Substantivs steht, ist er *Stellvertreter*. In diesem Fall wird der bestimmte Artikel wie ein Demonstrativpronomen gebraucht.

Demonstrativ-
pronomen
→ Seite 42

> **Das** *verstehe ich.* = *Dieses verstehe ich.*
> **Der** *ist richtig.* = *Dieser ist richtig.*

Begriffliche Klärungen ────────────────────── 12/10

– Das deutsche Wort für „Artikel" ist *Geschlechtswort*.
  Andere Bezeichnungen für „Artikel" sind *Determinativ, Determinator*.

– Eine andere Bezeichnung für „Verschmelzung" ist *Kontraktion*.

– Weil der Artikel vor dem Nomen/Substantiv steht, gehört er zu den Begleitern des Nomens/Substantivs.

– „Begleiter" werden auch *Artikelwörter* genannt.

13 Demonstrativpronomen

„Wie gefallen dir **diese** T-Shirts?"
Das da gefällt mir nicht so gut.
Dieses hier (dies) würde mir gefallen.
Das würde ich gern anziehen.
Mein Freund hat ein T-Shirt mit
demselben Aufdruck."

13/1 **Welche Demonstrativpronomen gibt es?**

Demonstrativpronomen sind:
– dieser, diese, dieses …

> Wie gefällt dir **dieses** T-Shirt?
> **Dieses** hier (dies) würde mir gefallen.

Artikel
→ Seite 38 – der, die, das …

der da, die da, das da …   (gesprochene Sprache)

> **Das** würde ich gern anziehen.
> Von allen gefällt mir **das da** am besten.

– jener, jene, jenes …   (schriftsprachlich)

> **Dieses** hier gefällt mir, **jenes** (ersteres) gefiel mir nicht so gut.

– derselbe, dieselbe, dasselbe …

> Mein Freund hat ein T-Shirt mit **demselben** Aufdruck.

– derjenige, diejenige, dasjenige …

> **Diejenigen** T-Shirts, die einen kleinen Fehler haben, sind im Preis
> herabgesetzt.

13/2 **Verwendung als Begleiter oder Stellvertreter**

Demonstrativpronomen können als *Begleiter* eines Nomens/Substantivs
gebraucht werden. Sie stehen dann *vor* dem Nomen/Substantiv.

> **dieses** T-Shirt, **jenes** T-Shirt, **das** T-Shirt

Demonstrativpronomen können auch als *Stellvertreter* gebraucht werden.
Sie stehen dann *anstelle* eines Nomens/Substantivs oder eines ganzen
Satzes.

> **Dieses** gefällt mir. (Stellvertreter für *dieses T-Shirt*)
> **Das** würde ich gern anziehen.
> **Jenes** gefiel mir überhaupt nicht.

Gebrauch 13/3

Mit einem Demonstrativpronomen weist man auf eine bestimmte Person,
einen Gegenstand oder einen ganzen Satz hin.
(Denke immer an den ausgestreckten Zeigefinger!)

> *Kennst du <u>die Jungen</u> dort? Ja,* **die** *kenne ich gut.*
> *Hier hängen viele <u>T-Shirts.</u>* **Dies** *hier gefällt mir.*
> *<u>Kommst du um 15 Uhr?</u> Ja?* **Das** *wollte ich nur wissen.*

derselbe / der gleiche 13/4

derselbe, dieselbe, dasselbe … gebraucht man,
wenn zweimal von einem Ding gesprochen wird.
> *Ich gehe auf* **dieselbe** *Schule wie meine Freundin.*

der gleiche, die gleiche, das gleiche … gebraucht man,
wenn zwei Dinge sehr ähnlich sind.
> *Meine Freundin trägt* **das gleiche** *T-Shirt wie ich.*
> *(Jeder trägt sein eigenes T-Shirt; sie sind aber sehr ähnlich.)*

derselbe kann mit einer Präposition verschmelzen.
> *an* **demselben** *Tag*
> **am selben** *Tag*

selbst, solch, derartig 13/5

Undeklinierbar ist das nachgestellte Demonstrativpronomen *selbst*.
> *Mein Vater* **selbst** *hat das gewollt.*
> *Er* **selbst** *hat das gesagt. / Er hat das* **selbst** *gesagt.*

Reflexivpronomen
→ Seite 53

solch und *derartig* sind „demonstrative Adjektive".
> *Dieser Misserfolg!*   **Solch** *ein Misserfolg!*
>   *Ein* **derartiger** *Misserfolg!*

Begriffliche Klärungen 13/6

Die deutsche Bezeichnung für „Demonstrativpronomen" ist *hinweisendes Fürwort*.

14 Indefinitpronomen

> Die Sonne muss **man** nutzen.
> Bei den hochsommerlichen
> Temperaturen suchten **alle** im
> Freibad Abkühlung. Das
> Wasserrutschen machte **jedem**
> Kind Spaß. **Einige** trauten sich
> allerdings nicht und schauten
> nur zu.

14/1 Wichtige Indefinitpronomen

1. Indefinitpronomen, die als *Stellvertreter* gebraucht werden:
   - Sie bezeichnen Personen:
     man, jemand, niemand, irgendjemand, irgendwer
   - Sie bezeichnen Sachen, Begriffe …:
     irgendetwas, nichts

   *Die Sonne muss **man** nutzen.*
   *Ich habe **nichts** vor.*

2. Indefinitpronomen, die als *Stellvertreter* und als *Begleiter* gebraucht werden:
   irgendein, irgendwelche,
   jeder (beliebige), kein (einziger),
   alle, alles, einige, mancher, mehrere, etliche, etwas

   *Das macht **jedem** Kind Spaß.* (*jedem* ist Begleiter von *Kind*.)
   *Das macht **jedem** Spaß.* (*jedem* steht für *Kind*.)

3. Vor dem Indefinitpronomen als *Begleiter* kann kein Artikel stehen.
   Das macht ~~dem~~ jedem Kind Spaß.

14/2 Gebrauch

Unbestimmte
Numeralien
→ Seite 58

Die Indefinitpronomen lassen im Ungewissen, *von wem/wovon* genau die Rede ist.
   *Die Sonne muss **man** nutzen.*
Wer ist mit *man* gemeint: Kinder? Erwachsene? Schüler? Wer sonst noch alles? – Das Indefinitpronomen lässt das im Ungewissen.

Stellung vor Adjektiven und Zahlwörtern 14/3

Die Indefinitpronomen *alles, etwas, genug, nichts, viel, wenig* können vor Adjektiven stehen.
Dann schreibt man die Adjektive groß.

> *alles* **Gute**
> *etwas* **Wichtiges**
> *nichts* **Neues**

Andere Wörter als Nomen/Substantive → Seite 26

Wenn diese Indefinitpronomen vor Zahlwörtern stehen, schreibt man die Zahlwörter in der Regel klein.

> *alle* **beide**, *alle* **zwölf**

Groß- und Kleinschreibung von Numeralien → Seite 59

Wenn man betonen möchte, dass das Zahlwort als Substantiv gebraucht werden soll, kann man auch großschreiben.

> *etwas* **anderes**/*etwas* **Anderes**

Begriffliche Klärungen 14/4

– Statt „Indefinitpronomen" sagt man auch *indefinites Pronomen*.
  Die deutsche Bezeichnung dafür ist *unbestimmtes Fürwort*.

– Neben den unbestimmten Pronomen gibt es auch unbestimmte Zahlwörter. (→ Seite 58)
  Das unbestimmte Pronomen steht für eine Person, Sache …, die unbestimmt bleibt; das unbestimmte Zahlwort bezeichnet eine unbestimmte Zahl oder Menge.

Alles verstanden?

> *Niemand darf wegen seines Geschlechts, seiner Abstammung, seiner Rasse, […] seiner religiösen oder politischen Anschauungen benachteiligt oder bevorzugt werden.*
>
> ART. 3 (3) GRUNDGESETZ

> *Wenn einer eine Reise tut,*
> *dann kann er was erzählen.*

> *Auch wenn man keine Zitrone ist,*
> *darf man schon mal sauer sein.*
>
> HANS APEL

15 Interrogativpronomen

Wer war der erste Mensch auf dem Mond?
Wann war er auf dem Mond?
Mit welchem Raumfahrzeug erreichte er den Mond?
Wie weit ist der Mond von der Erde entfernt?

15/1   Welche Interrogativpronomen gibt es?

Die Interrogativpronomen (Fragepronomen) sind:
– *Wer …? Wessen …? Wem …? Wen …? Was …?*
   ***Wer** war der erste Mensch auf dem Mond?*

– *Welcher …? Welche …? Welches?*
   *Mit **welchem** Raumschiff erreichte er den Mond?*

– *Was für ein …?*
   ***Was für eine** Fußspur sieht man auf dem Foto?*

15/2   Gebrauch

Interrogativpronomen leiten *Ergänzungsfragen* ein.

Ergänzungsfragen
→ Seite 173

Wer fragt nach Personen. *Was* fragt nach allem anderen.
   ***Wer** war der erste Mensch auf dem Mond?*
   ***Was** sieht man auf dem Foto?*

Indirekte Fragesätze
→ Seite 173

Interrogativpronomen können auch *indirekte Fragesätze* einleiten.
   *Weißt du, **wer** der erste Mensch auf dem Mond war?*
   *Kannst du erkennen, **was** auf dem Foto zu sehen ist?*

Begleiter/Stellvertreter 15/3

Interrogativpronomen können als *Begleiter* eines Nomens/Substantivs oder
als *Stellvertreter* gebraucht werden.

> Mit **welchem** Raumschiff sind sie geflogen?
> (*welchem* ist Begleiter von *Raumschiff*.)
> Mit **welchem** sind sie geflogen?
> (*welchem* steht hier für *Raumschiff*, als Stellvertreter.)

Frageadverbien 15/4

Von den „Fragepronomen" sind die *Fragewörter* (Frageadverbien) zu
unterscheiden. Frageadverbien sind:

*Adverbien
→ Seite 120*

> *Wie …? Wann …? Wo …? Wohin …? Wovon …?*
> *Woran …? Worum …? Wodurch …? Warum …? …*

Sie leiten ebenfalls Ergänzungsfragen ein.

*Ergänzungsfrage
→ Seite 173*

> **Wann** war er auf dem Mond?
> **Wie** weit ist der Mond von der Erde entfernt?

Umgangssprachlich wirkt es, wenn man *Von was …?* (statt: *Wovon …?*),
An was …? (statt: *Woran …?*) gebraucht.
Um was …? und *Worum …?* lassen kaum stilistische Unterschiede erkennen.

Begriffliche Klärungen ———————— 15/5

Das deutsche Wort für „Interrogativpronomen" ist *Fragefürwort.*

Alles verstanden?

> *Wer reitet so spät durch Nacht und Wind?*
> *Es ist der Vater mit seinem Kind.*
> GOETHE

> *Wer hat dich, du schöner Wald,*
> *Aufgebaut so hoch da droben?*
> EICHENDORFF

> *Was frag' ich viel*
> *nach Geld und Gut,*
> *wenn ich zufrieden bin.*
> JOHANN MARTIN MILLER

> *Warum in die Ferne schweifen?*
> *Sieh, das Gute liegt so nah.*

> *„Was tun?", spricht Zeus.*
> SCHILLER

47

16 Personalpronomen

Der störrische Esel

Der Hirte rief dem Esel zu:
„Hörst **du** den Lärm?
Wir müssen fliehn, **es** sind die Feinde!"

„Deine Feinde sind **es**", sprach der Esel
und kaute weiter.

HARALD FROMMER
(frei nach Phädrus)

16/1   Formen

Die Formen des Personalpronomens sind:

		Nominativ	Dativ	Akkusativ
Singular	1. Person:	ich	mir	mich
	2. Person:	du	dir	dich
	3. Person:	er, sie, es	ihm, ihr	ihn, sie, es
Plural	1. Person:	wir	uns	uns
	2. Person:	ihr	euch	euch
	3. Person:	sie	ihnen	sie

In der 2. Person Singular und Plural gibt es außerdem die Höflichkeits-
formen: *Sie*   *Ihnen*   *Sie*
Die vertraulichen Formen *du, dir, dich – ihr, euch* gebraucht man in der
Familie, unter Freunden und sehr guten Bekannten, auch unter Kollegen,
immer gegenüber Kindern und Jugendlichen.

Die Formen des Genitivs sind veraltet und werden nur noch in festen Wen-
dungen gebraucht.
*Gedenke **meiner**.   Erbarme dich **unser**.   Vergiss**mein**nicht*

16/2   Großschreibung

Die Höflichkeitsformen werden immer mit großem Anfangsbuchstaben
geschrieben.
*Ich möchte **Sie** bitten, mein Herr.*
*Ich danke **Ihnen**, meine Damen.*

Die vertraulichen Formen *du, dir, dich …* werden mit kleinem Anfangs-
buchstaben geschrieben. In Briefen können sie großgeschrieben werden.
*Liebe Verena, für **d/Deinen** Brief möchte ich **d/Dir** herzlich danken.*

Gebrauch

Das Personalpronomen steht für ein Nomen/Substantiv. Es wird *immer* als *Stellvertreter* gebraucht.

Die 3. Person wird vor allem für ein Nomen/Substantiv gebraucht, das man gerade genannt hat und nicht wiederholen will.

> **Der Hirte** *rief dem Esel zu …*
>> **Er** *rief* **dem Esel** *zu …*
>>> *Er rief* **ihm** *zu …*

es

Das Pronomen *es* kann sehr vielfältig gebraucht werden. Zum Beispiel:

es kann *Stellvertreter* für ein Nomen/Substantiv (Neutrum) sein.

> **Das Wetter** *war schön. –* **Es** *war schön.*
> *Mein Vater hat* **ein neues Auto** *gekauft. – Er hat* **es** *gekauft.*

es kann gelegentlich auch für Nomen/Substantive stehen, die Maskulinum oder Femininum sind, nicht Neutrum.

> **Es** *sind* **die Feinde**!
> *Was ist das für eine* **Maschine**? *–* **Es** *ist ein Scanner.*

es kann Stellvertreter für einen ganzen Satz sein.

> *Hast du gehört,* **was passiert ist**?
> *– Ja, ich habe* **es** *gehört.*

es kann Stellvertreter für ein prädikatives Adjektiv sein.

> *Alle waren* **müde**.   *Ich war* **es** *auch.*

Prädikatives Adjektiv
→ Seite 62

es kann das *Subjekt* eines unpersönlichen Verbs sein.

> **Es** *regnet.* **Es** *schneit.* **Es** *stürmt.*

es kann die erste Stelle im Satz einnehmen, wenn dort ein geeignetes Satzglied fehlt.

> *Alle kamen zum Schwimmbad. (es wäre hier falsch.)*
> *… kamen alle zum Schwimmbad. (Hier ist ein Es notwendig.)*
> **Es** *kamen alle zum Schwimmbad.*

In dieser Funktion wird das *Es* „Platzhalter" genannt.

Begriffliche Klärungen

Die deutsche Bezeichnung für „Personalpronomen" ist *persönliches Fürwort*.

17 Possessivpronomen

„Wen willst du zu **deinem**
Geburtstag einladen?"
„**Meine** Freundin Nina und
ihren Bruder. Drei oder vier
Schülerinnen aus **meiner** Klasse ..."
„In welchem Zimmer wollt ihr
feiern?"
„In **meinem**."

17/1   Was ist ein Possessivpronomen?

Das Possessivpronomen drückt aus, zu wem eine Person, ein Gegenstand oder etwas anderes gehört. – Man fragt: „Wessen ...?"

zu **deinem** Geburtstag	(Zu **wessen** Geburtstag?)
meine Freundin	(**Wessen** Freundin?)
ihr Bruder	(**Wessen** Bruder?)
aus **meiner** Klasse	(Aus **wessen** Klasse?)

17/2   Formen

Die Formen des Possessivpronomens sind:

Singular	1. Person:	*mein, meine, meiner ...*
	2. Person:	*dein, deine, deiner ...*
	3. Person:	*sein, seine, seiner ...*
		ihr, ihre, ihrer ...
Plural	1. Person:	*unser, unsere, unserer ...*
	2. Person:	*euer, eure, eurer ...*
	3. Person:	*ihr, ihre, ihrer ...*

Beachte, dass in der 3. Person Singular auch das Geschlecht des „Besitzers" berücksichtigt wird.

Er spricht von **seiner** Mutter, **seinem** Freund ...
Sie spricht von **ihrer** Mutter, **ihrem** Freund ...

Höflichkeitsformen 17/3

Die Höflichkeitsformen *Ihr, Ihre …* schreibt man mit großem Anfangsbuchstaben.

> *Vielen Dank für **Ihren** Brief.*
> *Wie geht es **Ihrer** Frau?*

Sie, Ihnen
→ Seite 48

Verstärkung 17/4

Das Possessivpronomen kann durch *eigen* verstärkt werden.

> *mein Zimmer / mein **eigenes** Zimmer*
> *mein Fahrrad / mein **eigenes** Fahrrad*

Begleiter 17/5

Possessivpronomen werden meist als *Begleiter* eines Nomens/Substantivs gebraucht. Sie stehen dann *vor* dem Beziehungswort.

> ***meine** Freundin*
> ***ihre** Brüder*

Stellvertreter 17/6

Possessivpronomen können auch als *Stellvertreter* gebraucht werden. Sie stehen dann *anstelle* eines Nomens/Substantivs.

> *In welchem Zimmer?*
> *In **meinem**.*
> *Ist das ihr neuer Freund?*
> *Ja, das ist **ihrer**.*
> *Ja, das ist **der ihre**.*   (Gehobene Sprache)
> *Ja, das ist **der ihrige**.*   (Veraltet)

Begriffliche Klärungen 17/7

– Die deutsche Bezeichnung für „Possessivpronomen" ist *besitzanzeigendes Fürwort*.
– Das Possessivpronomen, das vor einem Nomen/Substantiv steht,
   heißt auch *Possessivbegleiter*.

18 Reflexivpronomen

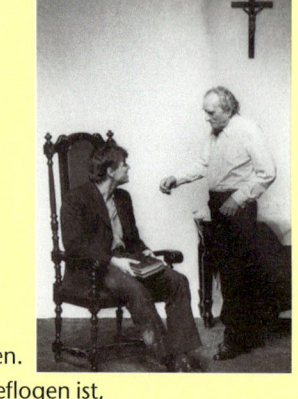

MAX FRISCH ANDORRA *(Siebtes Bild)*

Sakristei, der Pater und Andri.
PATER   Andri, wir wollen sprechen **miteinander**.
Deine Pflegemutter wünscht es. Sie macht **sich**
große Sorge um dich … Nimm Platz!
Andri schweigt.
Nimm Platz, Andri!
Andri schweigt.
Du willst **dich** nicht setzen?
Andri schweigt.
Ich verstehe, du bist zum ersten Mal hier. Sozusagen.
Ich erinnere **mich**: Einmal als euer Fußball hereingeflogen ist,
sie haben dich geschickt, um ihn hinter dem Altar zu holen.
Der Pater lacht.

18/1   Was ist ein Reflexivpronomen?

Das Reflexivpronomen drückt aus, dass sich das Geschehen auf den Handelnden selbst bezieht: *Subjekt und Objekt sind dieselbe Person.*

Reflexiv: Nicht reflexiv:

Ich erinnere **mich**.   *Ich erinnere dich.*

Eine Person   Zwei Personen

18/2   Gebrauch

Die Reflexivpronomen stehen im Akkusativ oder im Dativ.
– Akkusativ:
  sich erinnern, **sich** beeilen, **sich** befinden, **sich** erkälten, **sich** verletzen, **sich** verteidigen, **sich** waschen …

  Wen verletze ich? **Ich** *verletze* **mich** *(selbst).*

– Dativ:
  sich aneignen, **sich** einbilden, **sich** kaufen, **sich** schaden, **sich** verschaffen, **sich** widersprechen …

  Wem widerspricht er? **Er** *widerspricht* **sich** *(selbst).*
  Wem schadest du mit dem Rauchen? **Du** *schadest* **dir** *(selbst).*

Formen

Die Formen des Reflexivpronomens sind:

		Dativ	Akkusativ
Singular	1. Person:	*mir*	*mich*
	2. Person:	*dir*	*dich*
	3. Person:	*sich*	*sich*
Plural	1. Person:	*uns*	*uns*
	2. Person:	*euch*	*euch*
	3. Person:	*sich*	*sich*

Zur Verstärkung kann man *selbst* hinzufügen.
> *Du schadest dir **selbst**. Sie verletzte sich **selbst**.*

Reflexive Verben

Verben, die *immer nur* mit einem Reflexivpronomen gebraucht werden, heißen „echte reflexive Verben".
> ***sich** schämen, **sich** beeilen, **sich** befinden, **sich** erkälten …*

Verben, die *auch ohne* Reflexivpronomen gebraucht werden können, heißen „unechte reflexive Verben".

	Reflexiv	Nicht reflexiv	
***sich** verletzen*	***ich** verletze **mich***	*ich verletze jemand anders*	Transitive Verben
***sich** kämmen*	*sie kämmt **sich***	*sie kämmt den Hund*	→ Seite 141

Reziproke Pronomen

Reziproke Pronomen sind eine Untergruppe der Reflexivpronomen.
Sie drücken aus, dass zwei Personen *wechselseitig* in Beziehung treten.
> ***Wir** lieben **uns**. = Ich liebe dich und du liebst mich.*

Statt *sich* gebraucht man zur Verdeutlichung *einander*.
> ***Wir** sprechen **miteinander**. = Ich spreche mit dir und du mit mir.*

Verben, die mit einem reziproken Pronomen gebildet werden, heißen „reziproke Verben".
> *Der Pater und Andri **unterhalten sich**.*

Begriffliche Klärungen

Die deutsche Bezeichnung für „Reflexivpronomen" ist *rückbezügliches Fürwort*.

19 Relativpronomen

THOMAS MANN: *Tonio Kröger*

Die blonde Inge, Ingeborg Holm,
Doktor Holms Tochter, **der** *am Markt*
wohnte, dort, wo hoch, spitzig und
vielfach der gotische Brunnen stand,
sie war's, **die** *Tonio Kröger liebte, als*
er sechzehn Jahre alt war …

19/1 Was ist ein Relativpronomen?

Das Relativpronomen steht im Relativsatz. Es verbindet den Relativsatz mit
seinem Beziehungswort im übergeordneten Satz.
Im Relativsatz ist es der „Stellvertreter" des Beziehungswortes.

  … **Doktor Holms** Tochter, **der** am Markt wohnte …

  Beziehungswort ⟵——— Relativsatz
  (*der* steht für *Doktor Holm*)

  … **sie** war's,   **die** Tonio Kröger liebte …

  Beziehungswort ⟵——— Relativsatz
  (*die* steht für *sie = Inge*)

Relativsatz
→ Seite 156

19/2 Formen

Die wichtigsten Relativpronomen sind *der, die, das* …

		Maskulinum	Femininum	Neutrum
Singular	Nominativ:	… *der*	… *die*	… *das*
	Genitiv:	… *dessen*	… *deren*	… *dessen*
	Dativ:	… *dem*	… *der*	… *dem*
	Akkusativ:	… *den*	… *die*	… *das*
Plural	Nominativ:		… *die*	
	Genitiv:		… *deren*	
	Dativ:		… *denen*	
	Akkusativ:		… *die*	

Außerdem gibt es die Relativpronomen *welcher, welche, welches* …

19/3

was

Das Relativpronomen *was* wird gebraucht
- nach *alles, das, etwas, nichts.*
    > Das ist **alles, was** ich wissen wollte.
    > Ich habe **etwas** gehört, **was** dich auch interessiert.
- nach Adjektiven im Superlativ.
    > Das war **das Beste, was** mir passieren konnte.
    > **Das Schlimmste, was** ich je erlebt habe ...
- wenn es sich auf einen ganzen Satz bezieht.
    > **Tonio Kröger liebt Inge, was** diese gar nicht wusste.

Superlativ
→ Seite 66

Wenn dem Relativpronomen *was* eine Präposition vorausgeht, werden „Pronominaladverbien" gebraucht.

an was	→	*woran*	*nach was*	→	*wonach*
auf was	→	*worauf*	*über was*	→	*worüber*
aus was	→	*woraus*	*zu was*	→	*wozu*
in was	→	*worin*			

> *Das ist das Schlimmste, (an was)* **woran** *ich mich erinnere.*
> *Sie hat mir gratuliert, (über was)* **worüber** *ich mich sehr gefreut habe.*

Präpositionen
→ Seite 122

Pronominaladverbien
→ Seite 56

19/4

Unterscheidungen

der, die, das ... können nicht nur Relativpronomen sein, sondern auch bestimmte Artikel und Demonstrativpronomen.

> *Das Ergebnis,* **das** *bekannt gegeben wurde ...*   (Relativpronomen)
> **das** *Ergebnis*   (bestimmter Artikel)
> **Das** *möchte ich gern wissen.*   (Demonstrativpronomen)

Bestimmter Artikel
→ Seite 38

Demonstrativ-
pronomen
→ Seite 42

welcher, welche, welches sind nicht nur Relativpronomen, sondern auch Interrogativpronomen.

> *Das ist das Foto,* **welches** *ich gesucht habe.*   (Relativpronomen)
> **Welches** *Foto hast du gesucht?*   (Interrogativpronomen)

Interrogativ-
pronomen
→ Seite 46

Alles verstanden?

> Liebe ist das Einzige, das wächst, indem wir es verschwenden.

> Schön ist eigentlich alles, was man mit Liebe betrachtet.
> CHRISTIAN MORGENSTERN

> Es ist nicht alles Gold, was glänzt.

*Die Schüler sind im Museum.
Stephanie bleibt vor dieser
Statue stehen. Die Lehrerin
erklärt ihr:
„Das ist* Der Denker *von
Rodin!"
„Der* Denker*? Weiß man,
an was er denkt?"
Die Lehrerin verbessert sie:
„Das heißt: Weiß man,
woran er denkt?"*

20/1   **Was ist ein Pronominaladverb?**

Pronominaladverbien sind Wortverbindungen aus

Adverb
→ Seite 118

den Adverbien *da, wo, hier*
und einer Präposition (z. B. *bei, durch, für, gegen, mit, nach, von, zu …*):

Präposition
→ Seite 122

  dabei, dadurch, dafür, dagegen, damit, danach, davon, dazu …
  wobei, wodurch, wofür …
  hierbei, hierdurch …

Wenn die Präpositionen mit Vokal beginnen, wird zwischen Adverb und
Präposition ein *r* eingefügt.
  daran, **dar**aus, **dar**über, **dar**um …
  woran, **wor**aus, **wor**über, **wor**um …

Die verkürzte Form *dr-* (statt *dar-*) ist weniger gebräuchlich.
  dran, **dr**über, **dr**um

Gebrauch

Pronominaladverbien werden im Deutschen sehr häufig gebraucht.

Sie stehen an Stelle von Personalpronomen, Demonstrativpronomen, Interrogativpronomen und Relativpronomen.
Sie beziehen sich immer auf „Nicht-Lebewesen".

– Für ein Personalpronomen/Demonstrativpronomen: Steht für:

    *Erinnerst du dich **daran**?*   *an das*

Personalpronomen
→ Seite 48

    (Zum Beispiel: ... an das Ereignis)

    *Ich habe mich **darüber** gefreut.*   *über den*

Demonstrativpronomen
→ Seite 42

    (Zum Beispiel: ... über den Brief)

    *Ich bin **damit** einverstanden.*   *mit dem*

    (Zum Beispiel: ...mit dem Vorschlag)

– Für ein Interrogativpronomen:

    ***Worüber** hast du dich gefreut?*   *Über was ...?*

Interrogativpronomen
→ Seite 46

    ***Womit** bist du einverstanden?*   *Mit was ...?*

– Für ein Relativpronomen:

    *Das ist das Einzige, **woran** ich mich erinnere.*   *an was*

Relativpronomen
→ Seite 54

    *Das, **worüber** ich mich freue, sind die Ferien.*   *über was*

Das Pronominaladverb an Stelle eines Relativpronomens bezieht sich auf ein Nomen/Substantiv, das Neutrum ist, oder auf einen ganzen Satz.

Wenn ein Lebewesen gemeint ist, dürfen Pronominaladverbien *nicht* gebraucht werden.

    Erinnerst du dich an die Lehrerin?
    *Erinnerst du dich **an sie**?* (nicht: ~~daran~~)

Trennung

Man kann trennen:

    wor- an   oder: *wo- ran*
    wor- auf   *wo- rauf*
    dar- an   *da- ran*
    dar- auf   *da- rauf*

> Es gibt ein unfehlbares Rezept, eine
> Sache gerecht unter **zwei** Menschen
> aufzuteilen:
> **Einer** von ihnen darf die Portionen
> bestimmen und **der andere** hat die
> Wahl.
>
> GUSTAV STRESEMANN

21/1 Was sind Zahlwörter?

Die lateinische Bezeichnung für „das Zahlwort" ist *das Numerale.*
Die Numeralien geben Zahlen oder Mengen an.

eins, zwei, drei …	*zwei* Menschen
viel, wenig, andere	*Jetzt sind **beide** zufrieden.*

21/2 Einteilung

Man unterscheidet *bestimmte* Numeralien und *unbestimmte* Numeralien.
– Die wichtigsten bestimmten Numeralien:
- Grundzahlen (Kardinalzahlen):
  null, eins, zwei, drei … hundert …
- Ordnungszahlen (Ordinalzahlen):
  Sie werden dekliniert.
  der erste Mann, die zweite Frau, das dritte Kind …
- Einteilungszahlen:
  erstens, zweitens, drittens …
- Bruchzahlen:
  halb, anderthalb, ein Drittel …
- Vervielfältigungszahlen:
  einmal, zweimal, dreimal …, hundertmal; einfach, zweifach …
– Unbestimmte Numeralien:
  andere, viele, mehr, wenig, ganz, zahllos, ein paar, ein bisschen …

Indefinitpronomen
→ Seite 44
Unbestimmte Numeralien lassen die *Anzahl* oder die *Menge* im
Ungewissen.

ein

ein, eine … kann Kardinalzahl oder unbestimmter Artikel sein.
Als Kardinalzahl ist *ein, eine …* stets betont.

> Herr Müller hat **ein** Kind. (nicht *zwei*)   (Kardinalzahl)
> *Ein Kind lief über die Straße.*   (unbestimmter Artikel)

Unbestimmter Artikel
→ Seite 38

Bindestrich

Wenn die Numeralien als *Ziffern* geschrieben werden,
– steht zwischen Ziffer und Wort ein Bindestrich,
> *5-mal, 18-jährig, 100-prozentig*
(„mal", „jährig", „prozentig" sind Wörter.)

– steht zwischen Ziffer und Nachsilbe *kein* Bindestrich.
> in den **80er** Jahren, eine **100stel** Sekunde
(„-er", „-stel" sind Nachsilben, keine Wörter.)

Groß- und Kleinschreibung

Die Kardinalzahlen *Million, Milliarde* werden immer großgeschrieben.
> *Eine **M**illion Menschen.   5 **M**illiarden 50 **M**illionen*

Wenn die Numeralien *Erste, Zweite, Dritte … Nächste, Letzte* allein stehen,
werden sie als Nomen/Substantive angesehen und großgeschrieben.
> als **E**rster zur Stelle sein   „Der **N**ächste, bitte!"

Wenn diese Numeralien jedoch vor einem Nomen/Substantiv stehen,
sind sie nur *Begleiter* und werden kleingeschrieben.
> *der **e**rste Helfer   der **n**ächste Patient*

Die Numeralien *eine, andere, viel (meiste), wenig* können kleingeschrieben
werden, auch wenn ein Artikel vorausgeht. Sie können auch großgeschrie-
ben werden, wenn der Schreibende zum Ausdruck bringen möchte, dass
diese Numeralien substantivisch gebraucht werden.
> *Die **e**inen/**E**inen kommen, die **a**ndern/**A**nderen gehen schon.*
> *Die **v**ielen/**V**ielen, die das gesehen haben …*
> *Das **w**enige/**W**enige ist zu verschmerzen.*
> *Das **m**eiste/**M**eiste wusste ich schon.*

Begriffliche Klärungen

Der Plural von „das Numerale" ist *die Numeralien*.

GERHART HAUPTMANN
Bahnwärter Thiel

Der schlesische Schnellzug war gemeldet, und Thiel musste auf **seinen** Posten. Kaum stand **er** dienstfertig an der Barriere, so

5 hörte **er ihn** auch schon heran-brausen.

Der Zug wurde sichtbar – **er** kam näher – in unzählbaren, **sich** überhastenden Stößen fauchte der Dampf aus dem schwarzen Maschinenschlote. Da: **ein** – **zwei** – **drei**

10 milchweiße Dampfstrahlen quollen kerzengerade empor, und gleich darauf brachte die Luft den Pfiff der Maschine getragen. **Dreimal** hintereinander, kurz, grell, beängsti-gend. **Sie** bremsen, dachte Thiel, warum nur? Und wieder gellten die Notpfiffe schreiend, den Widerhall weckend,

15 diesmal in langer, ununterbrochener Reihe.

Thiel trat vor, um die Strecke überschauen zu können. Mechanisch zog **er** die rote Fahne aus dem Futteral und hielt **sie** gerade vor **sich** hin über die Geleise. – Jesus Chris-tus – war **er** blind gewesen? Jesus Christus – o Jesus, Jesus,

20 Jesus Christus! **was** war **das**? Dort! – dort zwischen den Schienen … „Halt!", schrie der Wärter aus Leibeskräften. Zu spät. Eine dunkle Masse* war unter den Zug geraten und wurde zwischen den Rädern wie ein Gummiball hin und her geworfen. Noch **einige** Augenblicke, und **man** hör-

25 te das Knarren und Quietschen der Bremsen. Der Zug stand.

---

* **Diese** Masse ist Thiels kleiner Sohn, **der** auf den Gleisen gespielt hatte.

Zeile		Bezeichnung	Stellvertreter?	
			ja	nein
3	seinen	Possessivpronomen		X
3/5	er	Personalpronomen	X (für Thiel)	
5	ihn	Personalpronomen	X (für Schnellzug)	
7	er	Personalpronomen	X (für Schnellzug)	
8	sich	Reflexivpronomen		X
9	ein			
9	zwei	Kardinalzahlen		X
9	drei			
12	dreimal	Vervielfältigungszahl		X
13	sie	Personalpronomen	X (für Zugführer)	
17	er	Personalpronomen	X (für Thiel)	
18	sie	Personalpronomen	X (für Fahne)	
18	sich	Reflexivpronomen		X
19	er	Personalpronomen	X (für Thiel)	
20	was	Interrogativpronomen	X (für Masse)	
20	das	Demonstrativpronomen	X (für Masse)	
24	einige	Indefinitpronomen		X
24	man	Indefinitpronomen	X (für alle)	
*	diese	Demonstrativpronomen		X
*	der	Relativpronomen	X (für Sohn)	

Schönes Wetter heute.
Endlich *schönes* Wetter!
Es wird heute *schön*.
Das Wetter ist *schön*.

23/1 **Was ist ein Adjektiv?**

Das Adjektiv bezieht sich auf ein *Nomen/Substantiv* oder auf ein *Pronomen*.
Es nennt dessen Eigenschaften, Merkmale.
– Nomen/Substantiv:

das **schöne** Wetter   der **blaue** Himmel

das Wetter wird **schön**   der Himmel ist **blau**

Personalpronomen
→ Seite 48 – Pronomen:

es wird **schön**   er ist **blau**

23/2 **Stellung**

Adjektive können vor einem Nomen/Substantiv stehen.
Attribut
→ Seite 153 Man nennt sie dann *attributive Adjektive*.

das **schöne** Wetter
der **blaue** Himmel

Adjektive können auch Teil eines Prädikats sein.
Dann stehen sie nach den Hilfsverben *sein* und *werden*.
Prädikativ
→ Seite 138 Man nennt diese Adjektive *prädikative Adjektive*.

das Wetter **wird schön**
der Himmel **ist blau**

Es ist im Deutschen sehr selten, dass ein Adjektiv *hinter* seinem Nomen/
Substantiv steht.

Röslein **rot** … (Goethe)
O Täler **weit**, o Höhen … (Eichendorff)
Whisky **pur**
Forelle **blau**

Partizipien als Adjektive

Genau wie Adjektive können auch Partizipien verwendet werden.
– Partizip I:
>   der **strahlende** *Sonnenschein*
>   (*strahlend* ist Partizip I von *strahlen.*)
>   die **leuchtenden** *Augen*
>   (*leuchtend* ist Partizip I von *leuchten.*)
– Partizip II:
>   das **vorhergesagte** *Wetter*
>   (*vorhergesagt* ist Partizip II von *vorhersagen.*)
>   das **geputzte** *Fahrrad*
>   (*geputzt* ist Partizip II von *putzen.*)

Partizip I
→ Seite 80

Partizip II
→ Seite 82

Adjektivadverbien

Im Deutschen kann jedes Adjektiv auch als Adverb gebraucht werden, ohne dass das durch eine Endung angezeigt würde.

Adverb
→ Seite 118, 120

>   *der **klare** Aufsatz*   (*klar* bezieht sich auf *Aufsatz;*
>   es ist ein Adjektiv.)
>   *Lisa drückt sich **klar** aus:* (*klar* bezieht sich auf *ausdrücken,*
>   es wird als Adverb gebraucht.)

In den Fremdsprachen Englisch, Französisch, Latein haben alle Adverbien, die von Adjektiven abgeleitet sind, eine charakteristische Endung (Suffix).

	Adjektiv	Adverb
Englisch:	*clear*	*clear**ly***
	careful	*careful**ly***
Französisch:	*clair*	*claire**ment***
	prudent	*prudem**ment***
Lateinisch:	*clarus*	*clar**e***
	prudens	*pruden**ter***

Begriffliche Klärungen

– Das deutsche Wort für „Adjektiv" ist *Eigenschaftswort.*
– Ein Adjektiv, das als Adverb verwendet wird, nennt man *Adjektivadverb.*
– Die Adjektivadverbien werden auch *adverbial verwendete unflektierte Adjektive* genannt.

Veränderlichkeit

Alle *prädikativen Adjektive* bleiben unverändert.

die Luft ist **mild**   (nicht: ~~milde~~)
die Lüfte sind **mild**   (nicht: ~~milden~~)

Alle *attributiven Adjektive* werden verändert (dekliniert).

der bla**ue** Himmel
die mild**en** Lüfte

Endungen

Im Deutschen gibt es zwei Arten von Adjektiv-Endungen:
die *starken* und die *schwachen*.

● Die *starken* Endungen sind: *-e, -en, -em, -er, -es.*

		Maskulinum	Femininum	Neutrum
Singular	Nominativ:	schön-**er**	schön-**e**	schön-**es**
	Genitiv:	schön-**en**	schön-**er**	schön-**en**
	Dativ:	schön-**em**	schön-**er**	schön-**em**
	Akkusativ:	schön-**en**	schön-**e**	schön-**es**
Plural	Nominativ:		schön-**e**	
	Genitiv:		schön-**er**	
	Dativ:		schön-**en**	
	Akkusativ:		schön-**e**	

● Die *schwachen* Endungen sind: *-e, -en.*

		Maskulinum	Femininum	Neutrum
Singular	Nominativ:		schön-**e**	
	Genitiv:		schön-**en**	
	Dativ:		schön-**en**	
	Akkusativ:		schön-**e**	
Plural	Nominativ:		schön-**en**	
	Genitiv:		schön-**en**	
	Dativ:		schön-**en**	
	Akkusativ:		schön-**en**	

Gebrauch der Endungen

Adjektive bekommen die *starken* Endungen,
– wenn kein Begleiter vorausgeht,

> ∧ Schön**es** Wetter heute!
> Wir hatten immer ∧ schön**es** Wetter.

– wenn der Begleiter keine Endung hat, die Genus, Numerus und Kasus ausdrückt.

> ein∧ blau**er** Himmel
> mein∧ neu**es** Fahrrad

Adjektive bekommen die *schwachen* Endungen,
– wenn der Begleiter bereits eine Endung hat, die Genus, Numerus und Kasus ausdrückt.

> bei dies**em** gut**en** Wetter, mit mein**em** neu**en** Fahrrad

Begleiter sind zum Beispiel: Artikel, Demonstrativpronomen, Possessivpronomen.

Besonderheiten

Die Adjektive auf *-el, -en, -er* verlieren das *-e-*, wenn eine Endung angefügt wird.

> komfortab**el** – das komfortab∧le Haus
> teu**er** – die teu∧re Wohnung

Das Adjektiv *hoch* verändert seinen Stamm, wenn eine Endung angefügt wird.

> hoch – der ho**he** Luftdruck

Alles verstanden?

> Grau, teurer Freund, ist alle Theorie und grün des Lebens goldner Baum.
> GOETHE

> ... wie wenig kostet's mich, ihn glücklich zu machen!
> GOETHE

> Ich wollte kein Held sein oder werden. Und ich bin auch keiner geworden. Kein falscher Held und kein echter Held. Wisst ihr den Unterschied? Falsche Helden haben keine Angst, weil sie keine Fantasie haben. Sie sind dumm und haben keine Nerven. Echte Helden haben Angst und überwinden sie.
> ERICH KÄSTNER

*Selbst der **bescheidenste** Mensch
hält mehr von sich, als sein **bester**
Freund von ihm hält.*

MARIE VON EBNER-ESCHENBACH

24/1   Komparation (Steigerung)

Adjektive kann man steigern.

> ein **bescheidener** Mensch ↗ der **bescheidenste** Mensch
> ein **guter** Freund ↗ mein **bester** Freund

24/2   Steigerungsstufen

Die Steigerungsstufen heißen: Positiv, Komparativ, Superlativ.
Der Komparativ endet auf *-er*.
Der Superlativ endet auf *-(e)ste*.

Positiv	Komparativ	Superlativ
bescheiden ↗	*bescheiden**er*** ↗	*bescheiden**ste***
jung ↗	*jüng**er*** ↗	*jüng**ste***
hoch ↗	*höh**er*** ↗	*höch**ste***

gut und *viel* haben unregelmäßige Steigerungsformen.

gut ↗	**besser** ↗	**beste**
viel ↗	**mehr** ↗	**meiste**

Die Komparation ist nicht möglich bei Adjektiven, die bereits die höchste
Steigerung ausdrücken.

> *absolut, einzig, maximal, total …*

Vergleich

Nach dem Komparativ steht (im korrekten Deutsch) die Vergleichspartikel *als*.
Nach *so, ebenso, genauso* steht *wie*.

> Michael ist **älter als** sein Freund.
> Stephan ist etwa **so** alt **wie** sein Freund.

Komparativ (Besonderheit)

In einigen Wendungen drückt der Komparativ nicht den *höheren* Grad, sondern den *geringeren* Grad aus.

> **ältere** Menschen (Sie sind jünger als *alte Menschen.*)
> in der **kühleren** Jahreszeit (Sie ist wärmer als die *kalte Jahreszeit.*)

Absoluter Superlativ

Der „absolute Superlativ" bezeichnet keinen Vergleich, sondern einen sehr hohen Grad.

> Mit den **herzlichsten** Grüßen
> Ich bin in **höchster** Eile.

Begriffliche Klärungen — 24/6

- Statt „Positiv" sagt man auch *Grundstufe.*
- Statt „Komparation" sagt man auch *Steigerung* oder *Graduierung.*
- Statt „Komparativ" und „Superlativ" gibt es auch die Begriffe
  1. Vergleichsstufe, 2. Vergleichsstufe.
- Der „absolute Superlativ" heißt auch *Elativ.*

Alles verstanden?

Die glücklichen Sklaven sind die erbittertsten Feinde der Freiheit.
MARIE VON EBNER-ESCHENBACH

Pausenunfälle
Stürzen oder Ausrutschen verursachen die meisten Verletzungen bei Pausenunfällen an Deutschlands Schulen. Gewalt und Brutalität spielen dagegen eine geringere Rolle als von vielen angenommen.

> *Es gibt nichts **Gutes**,*
>
> *außer man tut es.*
>
> ERICH KÄSTNER

25/1   Großschreibung

Adjektive schreibt man groß, wenn sie Teil eines Eigennamens sind.

> *das **Deutsche** Museum in München*
> *das Kap der **Guten** Hoffnung*
> *das **Rote** Meer*

Adjektive schreibt man groß, wenn sie auf *-er* enden
und von geografischen Namen abgeleitet sind.

> *die **Berliner** Bevölkerung*
> *der **Hamburger** Hafen*
> *der **Kölner** Karneval*

Adjektive schreibt man groß, wenn ihnen Wörter wie
etwas, alles, viel, wenig, nichts vorausgehen.

> *Ich wünsche Ihnen **alles Gute**.*
> *Das ist **nichts Besonderes**.*
> ***Etwas Schlimmes** ist passiert.*

Adjektive können als Nomen/Substantive gebraucht werden.
Dann schreibt man sie – wie alle Nomen/Substantive – groß.

> *das **Gute** im Menschen*
> *Das wäre **das Beste**.*
> ***im Allgemeinen***

Merkmale der
Nomen/Substantive
→ Seite 25

Zusammenschreibung

Viele Wortarten (z. B. Nomen/Substantive, Adjektive, Verben) können mit Adjektiven Zusammensetzungen bilden. Sie werden dann zusammengeschrieben:

Nomen/Substantive und Adjektive schreibt man zusammen, wenn das Nomen/Substantiv für eine Wortgruppe steht.

butterweich	*(= weich wie Butter)*
hitzebeständig	*(= gegen Hitze beständig)*

Man schreibt zwei Adjektive zusammen,
wenn der 1. Bestandteil oder der 2. Bestandteil in dieser Form nicht selbstständig vorkommt.

redselig	*(red-* kommt nicht selbstständig vor.)
groß**spurig**	*(-spurig* kommt nicht selbstständig vor.)
viel**deutig**	*(-deutig* kommt nicht selbstständig vor.)

Gleichrangige Adjektive schreibt man zusammen.
(Man könnte *und* einfügen.)

blaugrau	*(blau **und** grau)*
nasskalt	*(nass **und** kalt)*
taubstumm	*(taub **und** stumm)*

Ein bedeutungsverstärkender Bestandteil wird mit dem Adjektiv zusammengeschrieben.

bitterböse	*(= **sehr** böse)*
nagelneu	*(= **ganz** neu)*
bildhübsch	*(= **sehr** hübsch)*
todlangweilig	*(= **äußerst** langweilig)*

Alles verstanden?

Das Beste ist gerade gut genug.

Liebe Tanja!

*Alles Liebe und Gute
zu deinem 15. Geburtstag
wünschen dir
Oma, Opa, Mama und Robert*

*Brecht, der schwach im Französischen war, und ein Freund, der schlechte Zensuren im Lateinischen hatte, **konnten** Ostern nur **versetzt** werden, wenn sie noch eine gute Abschlussarbeit **schrieben**. Aber die lateinische Arbeit des einen **fiel** ebenso mäßig aus wie die französische des anderen. Darauf **radierte** der Freund mit einem Federmesser einige Fehler in der Lateinarbeit aus und **meinte**, der Professor habe sich wohl **verzählt**. Der aber **hielt** das Heft gegen das Licht, **entdeckte** die radierten Stellen, und eine Ohrfeige **tat** das Übrige.*
*Brecht, der nun **wusste**, so **geht** das nicht, **nahm** rote Tinte und **strich** sich noch einige Fehler mehr an. Dann **ging** er zum Professor und **fragte** ihn, was hier falsch sei. Der Lehrer **musste** bestürzt **zugeben**, dass diese Worte richtig seien und er zu viele Fehler **angestrichen** habe. „Dann", **sagte** Brecht, „**muss** ich doch eine bessere Zensur haben." Der Professor **änderte** die Zensur, und Brecht wurde **versetzt**.*

HERBERT JHERING

Im Deutschen unterscheidet man *schwache* und *starke* Verben.

26/1 Schwache Verben

Merkmale der schwachen Verben:

1. Die schwachen Verben verändern ihren Stammvokal *nicht*.

radieren	radierte	(hat) radiert
meinen	meinte	(hat) gemeint
entdecken	entdeckte	(hat) entdeckt

Präteritum
→ Seite 92
2. Die schwachen Verben haben im Präteritum eine Endung mit *-te-*.

radier**te**
mein**te**
entdeck**te**

Partizip II
→ Seite 82
3. Das Partizip II der schwachen Verben hat die Endung *-t*.

(hat) radier**t**
(hat) gemein**t**
(hat) entdeck**t**

Starke Verben

Merkmale der starken Verben:

1. Die starken Verben verändern ihren Stammvokal.
   (Die Veränderung des Stammvokals nennt man *Ablaut*.)

schreiben	*schrieb*	*(hat) geschrieben*
fallen	*fiel*	*(ist) gefallen*
nehmen	*nahm*	*(hat) genommen*

2. Die starken Verben bilden das Präteritum *mit Ablaut*.
   (In der 1. und 3. Person Singular *ohne* Endung.)

   ich schrieb, er/sie/es schrieb
   ich fiel, er/sie/es fiel
   ich nahm, er/sie/es nahm

3. Das Partizip II der starken Verben hat die Endung *-en*.

   geschrieben
   gefallen
   genommen

Ablaut

Einige typische „Stammformen" der starken Verben:

	a	**e**
lesen	*las*	*gelesen*
liegen	*lag*	*gelegen*
bitten	*bat*	*gebeten*

	a	**o**
sprechen	*sprach*	*gesprochen*
kommen	*kam*	*gekommen*

	a	**u**
trinken	*trank*	*getrunken*
finden	*fand*	*gefunden*

	i	**i**
reiten	*ritt*	*geritten*
beißen	*biss*	*gebissen*

	ie	**ie**
schreiben	*schrieb*	*geschrieben*
bleiben	*blieb*	*geblieben*

	ie	**a/u**
schlafen	schlief	geschlafen
rufen	rief	gerufen

	o	**o**
fliegen	flog	geflogen
verlieren	verlor	verloren

	u	**a**
fahren	fuhr	gefahren
schlagen	schlug	geschlagen

Bei einigen starken Verben verändert sich der Stammvokal auch bei der 2. und 3. Person Singular Präsens.

ich schlage, du schlägst, er/sie/es schlägt
ich laufe, du läufst, er/sie/es läuft
ich helfe, du hilfst, er/sie/es hilft

Bei einigen starken Verben verändern sich auch die Konsonanten.

gehen	ging	gegangen
stehen	stand	gestanden
tun	tat	getan

26/4 Gemischte Verben

Im Deutschen gibt es auch *gemischte* Verben.
Sie haben – wie die starken Verben – einen Ablaut.
Sie haben – wie die schwachen Verben – die Endungen mit *-t-*.

brennen	brannte	gebrannt
bringen	brachte	gebracht
denken	dachte	gedacht
wissen	wusste	gewusst
senden	sandte	gesandt
	(sendete)	(gesendet)
wenden	wandte	gewandt
	(wendete)	(gewendet)

26/5 Begriffliche Klärungen

In den Fremdsprachen (Englisch, Französisch, Latein …) unterscheidet man regelmäßige und unregelmäßige Verben.
Entsprechend werden auch im Deutschen die starken Verben als *unregelmäßige Verben* und die schwachen Verben als *regelmäßige Verben* bezeichnet.

Übersicht

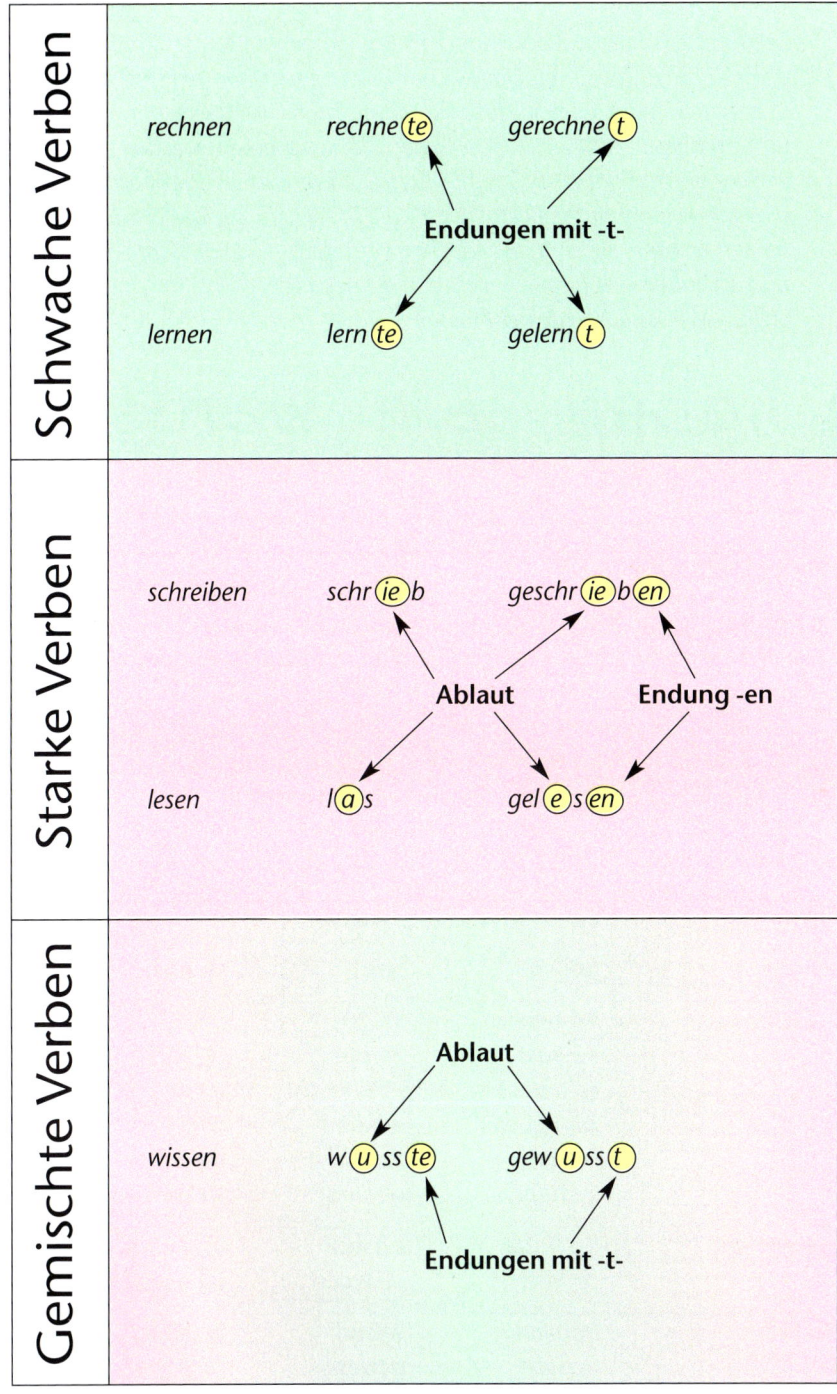

Schulische Gleichberechtigung?

*Seit fünfzig Jahren **werden** Mädchen und Jungen in Deutschland gemeinsam unterrichtet. Doch zahlreiche Untersuchungen **sind** zu dem Ergebnis gekommen, dass die Schule ihren Gleichberechtigungsauftrag nur schlecht erfüllt **hat**. In den Klassenzimmern **werden** nach wie vor die traditionellen Geschlechterrollen vermittelt. So bekommen die Jungen mehr Aufmerksamkeit als die Mädchen. Soziale Kompetenzen **werden** einseitig an Mädchen vermittelt. Auch die Schulbücher **haben** sich oft noch nicht auf die neue Lebensrealität eingestellt. – Wie **ist** das in deiner Klasse?*

haben sein werden

27/1 **Die drei Hilfsverben**

Im Deutschen gibt es drei Hilfsverben: *haben, sein, werden.*
Sie helfen den „Vollverben" bei der Bildung der zusammengesetzten Verbformen:

> *Mädchen und Jungen **werden** gemeinsam **unterrichtet**.*
> *Die Untersuchungen **sind** zu dem Ergebnis **gekommen**.*
> *Die Schulbücher **haben** sich noch nicht **umgestellt**.*

27/2 **Formen**

Infinitiv:	*haben*	*sein*	*werden*
Präsens:	ich **habe**	ich **bin**	ich **werde**
	du **hast**	du **bist**	du **wirst**
	er/sie/es **hat**	er/sie/es **ist**	er/sie/es **wird**
	wir **haben**	wir **sind**	wir **werden**
	ihr **habt**	ihr **seid**	ihr **werdet**
	sie **haben**	sie **sind**	sie **werden**
Präteritum:	ich **hatte**	ich **war**	ich **wurde**
	du **hattest** …	du **warst** …	du **wurdest** …
Partizip I:	**habend**	**seiend**	**werdend**
Partizip II:	**gehabt**	**gewesen**	**geworden**

Gebrauch

Das Hilfsverb *werden* gebraucht man
– zur Bildung des *Passivs (Vorgangspassiv).*
>   Mädchen und Jungen **werden** gemeinsam **unterrichtet.**
>   Die Klassenarbeit **wird** heute **geschrieben.**
– zur Bildung des *Futurs I.*
>   Am Freitag **werden** wir einen Klassenausflug **machen.**
>   Wir **werden** im Freien **grillen.**
– *würde* gebraucht man häufig anstelle des Konjunktivs II.
>   Ich **würde** dir gern helfen.

Passiv
→ Seite 99

Futur I
→ Seite 96

würde-Form
→ Seite 107

Das Hilfsverb *haben* gebraucht man
– zur Bildung des *Perfekts* und des *Plusquamperfekts.*
>   Wir **haben** bereits alles **vorbereitet.**
>   Wir **hatten** den Ausflug schon lange **geplant.**

Perfekt
→ Seite 90

Plusquamperfekt
→ Seite 94

Das Hilfsverb *sein* gebraucht man
– bei einigen Verben zur Bildung des *Perfekts* und des *Plusquamperfekts.*
>   Wir **sind** schon um 7 Uhr **losgefahren.**
>   Wir **waren** alle früh **aufgestanden.**
– zur Bildung des *Passivs (Zustandspassiv):*
>   Die Hausaufgaben **sind erledigt.**
>   Der Aufsatz **ist geschrieben.**

Hilfsverben als „Vollverben"

Die Hilfsverben *haben, sein, werden* können gelegentlich auch als selbstständige Verben („Vollverben") gebraucht werden.
Als „Vollverben" bezeichnet man solche Verben, die allein ein Prädikat bilden können.

>   Wie **ist** das in deiner Klasse?   (= Wie verhält sich das?)
>   Silke **hat** Mut.   (= besitzt)
>   Michael **wird** Arzt.   (= ergreift den Beruf)

haben + Infinitiv mit *zu* bedeutet: „verpflichtet sein" und wird oft anstelle von „müssen" gebraucht.

>   Ich **habe** Ihnen **zu danken.**   (= Ich muss Ihnen danken.)

Die Geschwister streiten. Der Vater greift ein.
„Warum **musst** ihr immer eine andere Meinung haben?",
beklagt er sich.
„Aber wir haben doch die gleiche Meinung. Claudia **will** das größere Stück Kuchen und ich auch!"

28/1   **Modalverb + Infinitiv**

Die Modalverben sind *dürfen, können, mögen, müssen, sollen, wollen.*
An sie wird der Infinitiv ohne *zu* angeschlossen.

Infinitiv
→ Seite 78

> *Du **musst** warten.*
> *Sie **können** kommen.*
> *Wir **wollen** anfangen.*

Ebenso wie an die Modalverben kann auch an die Verben *hören, sehen, lassen* der Infinitiv ohne *zu* angeschlossen werden.

> *Ich **sehe** ihn kommen.*
> *Sie **lassen** grüßen.*

Gelegentlich wird bei den Modalverben der Infinitiv weggelassen.
(Man kann ihn aber leicht ergänzen.)

> *Ich **möchte** noch ein Stück Kuchen **(haben)**.*
> *Ich **muss** jetzt leider nach Hause **(gehen)**.*
> ***Darf** ich nachher zu Thomas **(gehen)**?*

28/2   **Zusammengesetzte Formen**

Perfekt
→ Seite 90

Die Modalverben bilden das Perfekt, das Plusquamperfekt und das Futur II nicht mit dem Partizip II, sondern mit dem Infinitiv.

Plusquamperfekt
→ Seite 94

> *Er hat **warten müssen**.*
> *Er hatte **warten müssen**.*
> *Ich habe ihn gut **verstehen können**.*

Futur II
→ Seite 97

Hier folgen also *zwei* Infinitive aufeinander.

Bedeutung 28/3

Die Modalverben werden im Deutschen sehr häufig gebraucht.
Sie bedeuten:

>*dürfen:* die Erlaubnis haben
>>***Darf** ich heute länger aufbleiben?*
>
>*können:* die Möglichkeit/die Fähigkeit haben, wissen
>>*Hier **können** wir schwimmen.*
>
>*mögen:* den (höflichen) Wunsch haben/einräumen
>>*Ich **möchte** ein Stück Kuchen./Das **mag** so sein.*
>
>*müssen:* die Pflicht haben, es besteht die Notwendigkeit
>>*Ich **muss** noch die Hausarbeiten machen.*
>
>*sollen:* verpflichtet sein
>>*Was **soll** ich machen?*
>
>*wollen:* den Wunsch/den Willen/die Absicht haben
>>*Wann **wollen** wir anfangen?*

Die Bedeutungsnuancen, die durch die Modalverben ausgedrückt werden,
nennt man *Modalität*.

Modalverben als „Vollverben" 28/4

Modalverben können gelegentlich auch als „Vollverben" gebraucht
werden. Sie bilden dann das Prädikat allein, ohne Infinitiv.

>*Ich **kann** die Vokabeln.*
>*Ich **habe** alle Vokabeln **gekonnt**.*
>*Ich **will** keinen Streit.*
>*Ich **habe** den Streit nicht **gewollt**.*

Begriffliche Klärungen 28/5

– Statt „Modalverben" sagt man auch *modal gebrauchte Verben* oder *modale Hilfsverben*.

– Die Modalverben bilden die zusammengesetzten Zeiten nicht mit dem Partizip II, sondern mit dem Infinitiv. Der Infinitiv „ersetzt" hier also das Partizip: er wird daher *Ersatzinfinitiv* genannt.

Alles verstanden?

Kein Mensch muss müssen.
LESSING

Kinder und Uhren dürfen nicht beständig aufgezogen werden. Man muss sie auch gehen lassen.
JEAN PAUL

Der Mensch soll lernen. Nur die Ochsen büffeln.
ERICH KÄSTNER

*Sport **treiben**,*

*fit **bleiben**.*

29/1 Infinite Verbformen

Drei Verbformen sind unveränderlich:

Partizip I
→ Seite 80

der Infinitiv, das Partizip I und das Partizip II.

Der Infinitiv ist die Verbform, die man im Wörter-

Partizip II
→ Seite 82

buch findet.

29/2 Endungen

Die Infinitive haben die Endungen *-en*, selten nur *-n*.

treib**en**	bastel**n**
bleib**en**	ähnel**n**
geh**en**	wander**n**

Der Infinitiv zu „ich bin" ist *sein*,
der Infinitiv zu „ich tue" ist *tun*.

nachdenken
denkt nach,
dachte nach,
hat nachgedacht
nachdenklich
Nachdenklichkeit
die
Nachdruck *der*
nachdrücklich
nachdrucken
nachdunkeln
nacheifern
nacheinander
nacheinander weg-
gehen
nachempfinden
empfindet nach,
empfand nach,
hat nachempfunden
nacherzählen
Nacherzählung *die*

29/3 Mehrteilige Infinitive

Es gibt zwei mehrteilige Infinitive:
– den Infinitiv Perfekt (mit den Hilfsverben *haben* oder *sein*).

*geblieben **sein***
*geschrieben **haben***

Gebrauch von
haben und sein
→ Seite 75

– den Infinitiv Passiv (mit dem Hilfsverb *werden*).

*gefangen **werden***
*gesehen **werden***

Futur
29/4

Der Infinitiv wird für die Bildung des Futurs I verwendet.

Futur I
→ Seite 96

> Wann **wird** das Spiel **beginnen?**
> Wir **werden** rechtzeitig da **sein**.

Infinitive als Nomen/Substantive
29/5

Sehr häufig werden Infinitive als Nomen/Substantive gebraucht.
Dann schreibt man sie mit großem Anfangsbuchstaben.

Wie erkennt man
Nomen/Substantive?
→ Seite 25

> Wollen wir baden?   Aber **das Baden** ist hier verboten.
> Michaela schwimmt gern.   Sie erholt sich **beim Schwimmen**.
> Er nimmt einen Apfel mit.   Hier gibt es Pizza **zum Mitnehmen**.

Beachte die Zusammenschreibung der nominalisierten/substantivierten Infinitive!

Infinitiv	ABER:	Nomen/Substantiv
Auto fahren		das **Autofahren**
Ski laufen		das **Skilaufen**
laufen lernen		das **Laufenlernen**

Begriffliche Klärungen — **29/6**

Statt „Infinitiv Perfekt" sagt man auch *Infinitiv II*.

Alles verstanden?

Erziehen heißt vorleben. Alles andere ist höchstens Dressur.

OSWALD BUMKE

Zahl des Tages
17 Millionen treten in die Pedale – Radfahren ist der beliebteste Freizeitsport der Deutschen. Es folgen Schwimmen (10 Millionen), Fußball (5,5), Tennis (4,5), Reiten und Jogging (je 2,0).

Der kleine Sohn des Indianer-
häuptlings kommt in die Schule.
„Wie heißt du?", fragt ihn der
Lehrer.
*„Kleiner Vogel, der **singend** und*
***zwitschernd** durch die Wälder*
fliegt."
„Das ist ein langer Name!", sagt
*der **staunende** Lehrer.*
„Und wie ruft dich deine Mutter?"
„Piep!"

30/1 Formen

Das Partizip I wird aus dem Verbstamm und der Endung *-end*
(seltener: *-nd*) gebildet.

Infinitiv	Partizip I
singen	*sing-**end***
staunen	*staun-**end***
zwitschern	*zwitscher-**nd***

Die Bildung des Partizip I kann man auch anders erklären:
Infinitiv + *-d*.

Infinitiv	Partizip I
singen	*singen-**d***
staunen	*staunen-**d***

30/2 Gebrauch

Das Partizip I wird gebraucht

Veränderlichkeit
des Adjektivs
→ Seite 64

– als Adjektiv. (Es wird wie ein Adjektiv verändert.)
    *der staunend**e** Lehrer*
    *bei sinkend**en** Temperaturen*

Adverb
→ Seite 118

– als Adverb. (Als Adverb ist es unveränderlich.)
    *… der **singend** und **zwitschernd** durch die Wälder fliegt.*
    ***dringend** Hilfe brauchen*

– als Nomen/Substantiv. (Es wird wie ein Nomen/Substantiv verändert.)

> *der Auszubildende*
> *alle Reisenden*

– für einen Satz.

> *sehr konzentriert **spielend***
> *(= indem sie sehr konzentriert spielten)*

Partizip I und sein Subjekt   30/3

Das Partizip I hat kein eigenes Subjekt.
Sein logisches Subjekt ist das Subjekt des übergeordneten Satzes.

> <u>*Das Abendbrot essend*</u> sah *die Familie* fern.
> ⟶ *Subjekt*

Begriffliche Klärungen ──────────────────────────── 30/4

Statt „Partizip I" sagt man auch *Partizip Präsens*.
Die deutsche Bezeichnung ist: *Mittelwort der Gegenwart*.

Alles verstanden?

Umgangsformen sind Formen,
die zunehmend umgangen
werden.

OLIVER HASSENCAMP

Himmelhoch jauchzend,
Zum Tode betrübt;
Glücklich allein
Ist die Seele, die liebt.

GOETHE

Fast eine Milliarde Menschen hat
nach Angaben des US-Außen-
ministeriums derzeit nicht genug
zu essen oder ist sogar extrem
unterernährt. Ursachen seien die
weiter wachsenden Bevölkerungs-
zahlen und zurückgehende Nah-
rungsmittelreserven.

Industrieunternehmen stellt noch ein:
Auszubildende
gerne auch mit russ. Sprachkenntnissen
zur Ausbildung als
Bürokauffrau / Bürokaufmann

31 Partizip II

„Weißt du, was du bist?",
schüttelt der Lehrer den
***eingeschlafenen** Schüler wach.*
*„Natürlich! Ein **aufgeweckter***
Schüler!"

31/1 Formen

Präfix
→ Seite 20
Das Partizip II hat in den meisten Fällen das Präfix *ge-*,
Die Endung ist bei den schwachen Verben -*t*, bei den starken Verben -*en*.

Schwache Verben:	ge–Stamm–t
	ge weck t
	ge schüttel t

Starke Verben:	ge–Stamm–en
	ge schlaf en
	ge schrieb en

Das Partizip II von *essen* ist *gegessen*.

31/2 Besonderheiten zum Präfix „ge-"

Das Präfix *ge-* steht:

– bei allen einfachen Verben, die auf der 1. Silbe betont werden.

schütteln	*ge*schüttelt
*we*cken	*ge*weckt
*wi*ssen	*ge*wusst

– bei zusammengesetzten Verben, deren 1. Teil betont und trennbar ist.
ge- steht an 2. Stelle nach dem trennbaren Teil.

*ein*schlafen	*ein**ge**schlafen*
*auf*wecken	*auf**ge**weckt*

– bei Verben, deren 1. Teil betont ist, die aber untrennbar sind.
Dann steht *ge-* an 1. Stelle.

*recht*fertigen	*ge*rechtfertigt
*kenn*zeichnen	*ge*kennzeichnet
*früh*stücken	*ge*frühstückt

Das Präfix *ge-* steht nicht:

– bei Verben, die *nicht* auf der 1. Silbe betont werden.

be**stell**en	bestellt
ver**lieb**en	verliebt
er**zähl**en	erzählt
wider**leg**en	widerlegt
stu**dier**en	studiert

– Das gilt auch, wenn diese Verben noch ein zusätzliches Präfix haben.

abbestellen	abbestellt
nacherzählen	nacherzählt
einstudieren	einstudiert

Gebrauch `31/3`

Das Partizip II wird gebraucht

– zur Bildung des Perfekts und des Plusquamperfekts.

> Der Schüler **hat geschlafen**.
> Der Schüler **hatte geschlafen**.

Perfekt
→ Seite 90

Plusquamperfekt
→ Seite 94

– zur Bildung des Passivs.

> Der Kaffee **wird gekocht**.
> Die Tassen **sind abgewaschen**.

Passiv
→ Seite 98

– als Adjektiv. (Es wird wie ein Adjektiv verändert.)

> die **geschälten** Kartoffeln
> der **zugeflogene** Wellensittich
> die **verblühten** Blumen

Adjektiv
→ Seite 62

– als Adverb. (Als Adverb ist es unveränderlich.)

> Mein Vater wirkt **gestresst**.
> **Ausgerechnet** ich soll alles bezahlen.

Adverb
→ Seite 118

– als Nomen/Substantiv. (Es wird wie ein Nomen/Substantiv verändert.)

> die **Abgeordneten**
> die **Geschworenen**

– für einen Satz.

> Durch die Fakten **widerlegt** …
> Von der Versammlung **genehmigt** …

Begriffliche Klärungen `31/4`

Statt „Partizip II" sagt man auch *Partizip Perfekt*.
Die deutsche Bezeichnung ist: *Mittelwort der Vergangenheit*.

Ein Amerikaner in Heidelberg:
*„**Du haben** Stadtplan?"*
„Leider nein, ich habe ihn vergessen.
Er liegt auf meinem Schreibtisch."
*„Macht nichts! **Ich kommen***
*besuchen dich. Wann **du sein***
zu Hause?"

32/1 **Personalformen des Verbs**

So einfach geht es im Deutschen nicht:

ich ~~haben~~	ich ~~kommen~~	ich ~~sein~~
du ~~haben~~	du ~~kommen~~	du ~~sein~~
er ~~haben~~	er ~~kommen~~	er ~~sein~~

Im Deutschen richtet sich die Verb-Endung nach der Person und nach dem Numerus.

Es gibt drei Personen:

1. Person:	*ich*	*wir*
2. Person:	*du*	*ihr*
3. Person:	*er/sie/es*	*sie*

Es gibt zwei Numeri:

Singular:	*ich, du, er/sie/es*
Plural:	*wir, ihr, sie*

In richtigem Deutsch muss es also heißen:
Hast du einen Stadtplan?
Ich komme dich besuchen.
Wann **bist du** zu Hause?

Konjugation von *haben, kommen, sein* im Präsens:

ich **habe**	ich **komme**	ich **bin**
du **hast**	du **kommst**	du **bist**
er/sie/es **hat**	er/sie/es **kommt**	er/sie/es **ist**
wir **haben**	wir **kommen**	wir **sind**
ihr **habt**	ihr **kommt**	ihr **seid**
sie **haben**	sie **kommen**	sie **sind**

Begriffliche Klärungen ────────────────────────

– Die Veränderung des Verbs nach den drei Personen im Singular und im Plural heißt
   Konjugation. Man kann Verben konjugieren (andere Wortarten nicht).
   > Ich konjugiere das Verb „kommen" im Präsens:
   > *ich komme, du kommst, er/sie/es kommt,*
   > *wir kommen, ihr kommt, sie kommen*

   Die Veränderung eines Nomens/Substantivs nach den vier Fällen im Singular und Plural
   heißt **Deklination**.
   > Ich dekliniere das Wort „Plan":
   > *der Plan, des Plans, dem Plan, den Plan,*
   > *die Pläne, der Pläne, den Plänen, die Pläne.*

   Der gemeinsame Oberbegriff von *Konjugation* und *Deklination* heißt **Flexion**, zu Deutsch
   „Beugung".

– Verbformen, die man nicht konjugieren kann, heißen **infinite Verbformen**.
   > Es gibt drei infinite Verbformen:
   > Infinitiv, Partizip I, Partizip II.

   Verbformen, die man konjugieren kann, werden sehr unterschiedlich benannt.
   Am häufigsten: *Personalformen* oder *finite Verbformen*. Außerdem: *konjugierte Verbformen,*
   veränderliche Verbformen, Flexionsformen.
   Alle Begriffe bezeichnen genau dasselbe.

– Der Singular von „Numeri" ist *der Numerus*. Das deutsche Wort dafür ist *Zahl*.
   Das deutsche Wort für „Singular" ist *Einzahl*, das deutsche Wort für „Plural" ist *Mehrzahl*.

Alles verstanden?

> *Lehrer in der Grammatikstunde:*
> *„Was bedeutet das, Immo, wenn*
> *ich sage: Ich komme nicht, du*
> *kommst nicht, er kommt nicht, sie*
> *kommt nicht?"*
> *Immo: „Dass Schulferien sind!"*

> *Marion ist gerade an der Reihe, als der*
> *Schulrat ins Klassenzimmer kommt.*
> *„… ich ist …"*
> *Sie wird vom Schulrat unterbrochen:*
> *„Es heißt: ‚Ich bin' und nicht ‚ich ist'!"*
> *Marion nickt gehorsam: „Ich bin ein*
> *Personalpronomen."*

> *„Ich bade, du badest, er/sie/es badet. Was ist*
> *das für eine Zeit, Christian?"*
> *„Samstagabend, Herr Lehrer!"*

33 Zeitenfolge

Ein 15-jähriger englischer Schüler **hat** von seinem Onkel ein Schloss aus dem 17. Jahrhundert im Wert von 10 Millionen Pfund **geerbt**. Zu dem Anwesen **gehören** wertvolle Gemälde, eine Porzellansammlung, 17 Hektar Wald – und ein Butler.
Im Fernsehen **zeigt** sich der Schüler hocherfreut über die Erbschaft.
„Das **ist** der ideale Ort, wo meine Freunde und ich zukünftig Feten **feiern werden**, ohne unsere Nachbarn zu stören."

33/1 Vorzeitigkeit, Nachzeitigkeit

Dieser Zeitungsartikel berichtet,
– was dem 15-jährigen Schüler passiert ist (Vergangenheit),
– wie er sich jetzt fühlt (Gegenwart),
– und welche Absichten er hat (Zukunft).

*Der Schüler **hat** ein Schloss **geerbt**.*	*Vergangenheit*
	↑
	VORZEITIGKEIT
	↕
*Der Schüler **ist** hocherfreut.*	*Gegenwart*
	↕
	NACHZEITIGKEIT
	↓
*Der Schüler **wird** dort Feten **feiern**.*	*Zukunft*

Eine Handlung, die weiter in der Vergangenheit zurückliegt, die zeitlich *vor* einer anderen geschah, ist ***vor***zeitig.

Eine Handlung, die erst *nach* einer anderen geschieht, ist ***nach***zeitig.

Die wichtigsten Zeiten

*Der Onkel des Schülers
war kinderlos **gestorben**.
Er **hatte** seinen Neffen als
Erben **eingesetzt**.*

Plusquamperfekt
(→ 37)

*Der Neffe **liebte** seinen
Onkel.
Er **freute** sich über die
Erbschaft.*

Präteritum
(→ 36)

*Er **hat** das Schloss **besichtigt**.
Er **hat** auch den Butler
kennen gelernt.*

Perfekt
(→ 35)

VORZEITIGKEIT

*Jetzt **zeigt** sich der Schüler
hocherfreut über das Erbe.*

Präsens
(→ 34)

*Der Schüler und seine Freunde
werden im Schloss Feten **feiern**.
Der Butler **wird** die Getränke
besorgen und anschließend alles
wieder **aufräumen**.*

Futur
(→ 38)

NACHZEITIGKEIT

Die Übersicht zeigt: Das Perfekt drückt im Bezug zum Präsens *Vorzeitigkeit* aus.
Das Futur drückt im Bezug zum Präsens *Nachzeitigkeit* aus.
Ebenso: Das Plusquamperfekt drückt im Bezug zum Präteritum *Vorzeitigkeit* aus.

Begriffliche Klärungen

Für das deutsche Wort „Zeit" wird oft der lateinische Begriff *(das) Tempus* verwendet.
Der Plural von „Tempus" ist: *(die) Tempora*.

Finderlohn

*Ein Schüler **rennt** dem zerstreuten Mathematiklehrer hinterher: „Sie haben soeben 20 Euro verloren."
Der Lehrer **nimmt** den Geldschein entgegen, worauf der Schüler dezent **hüstelt** und meint: „Mir **stehen** doch zehn Prozent Finderlohn zu." **Brummt** der Lehrer: „**Werden** Sie jetzt nicht unverschämt, hier **haben** Sie fünf Euro und damit genug!"*

34/1 Formen

Die Formen des Präsens werden aus dem Verbstamm und den Endungen
-e, -st, -t, -en, -t, -en gebildet.

rennen	nehmen	
ich renne	*ich nehme*	*-e*
du rennst	*du nimmst*	*-st*
er/sie/es rennt	*er/sie/es nimmt*	*-t*
wir rennen	*wir nehmen*	*-en*
ihr rennt	*ihr nehmt*	*-t*
sie rennen	*sie nehmen*	*-en*

Wenn der Verbstamm auf -d, -t, -m, -n endet, wird zwischen dem Stamm und der Endung -st oder -t ein *-e-* eingefügt:

du redest	*du rechnest*	*-e-st*
er/sie/es redet	*er/sie/es rechnet*	*-e-t*
ihr redet	*ihr rechnet*	*-e-t*

In der 2. Person Singular fällt das -s- weg, wenn der Verbstamm auf -s, -ss, -ß, -x oder -z endet.

du heißt, du reist, du misst, du weißt, du mixt, du heizt

Endung -en

Die 1. und 3. Person Plural Präsens *und* der Infinitiv haben die Endung *-en*.

*Wir komm**en***
*Sie komm**en**.*   (Präsens)
*Wann wollt ihr komm**en**?*   (Infinitiv)

Gebrauch

Das Präsens drückt aus:

– die Gegenwart (das, was *jetzt gerade* geschieht):
  *Ein Schüler **rennt** dem Mathematiklehrer hinterher.*
  *Der Lehrer **nimmt** den Geldschein entgegen.*
  *„**Werden** Sie nicht unverschämt!"*

– zeitlose Zustände (das, was *immer* so ist):
  *Wer etwas **findet**, hat Anspruch auf Finderlohn.*
  *Der Apfel **fällt** nicht weit vom Stamm.*
  *Berlin **ist** die Hauptstadt Deutschlands.*

– die Zukunft (oft in Verbindung mit Zeitangaben wie
  bald, morgen, gleich, später, dann …):
  *Ich **bin gleich** wieder da.*
  *Wir **treffen** uns **dann** vor der Schule.*
  ***In den nächsten Ferien fahren** wir an die Nordsee.*

– Das Präsens kann in der *lebhaften Erzählung* die Vergangenheit
  ausdrücken:
  … Dieser Kerl, sprach der Wirt, <u>sprengte</u> ganz   } Präteritum
  von Staub bedeckt vor meinen Gasthof und <u>rief:</u>
  *„Herr Wirt!" Und da ich **frage**: „Was gibt's?"*   } Präsens
  *„Ein Glas Branntwein!", **antwortet** er, indem er*
  *sein Schwert in die Scheide **wirft** …*

  HEINRICH VON KLEIST

Alles verstanden?

Wir sind nicht allein:
Forscher entdecken
neue Sonnensysteme.

Missverständnis

Ein Herr steht mit seinem Cello-
kasten an der Bushaltestelle.
„Spielen Sie Cello?", fragt ihn
ein Passant.
„Nein, hören Sie was?"

89

35 Perfekt

Das zerbrochene Ringlein

In einem kühlen Grunde
Da geht ein Mühlenrad,
Mein' Liebste **ist verschwunden**,
Die dort **gewohnet hat**.

Sie **hat** mir Treu' **versprochen**,
Gab mir ein'n Ring dabei,
Sie **hat** die Treu' **gebrochen**,
Mein Ringlein sprang entzwei.

EICHENDORFF

35/1   **Formen**

Das Perfekt wird mit den Hilfsverben *haben/sein* im Präsens und mit dem Partizip II gebildet.

	Hilfsverb im Präsens	Partizip II
Sie	*ist*	*verschwunden.*
Sie	*hat*	*gewohnt.*
Sie	*hat*	*versprochen.*

Partizip II
→ Seite 82

Die meisten Verben bilden das Perfekt mit dem Hilfsverb *haben*.

> Sie **hat** dort **gewohnt**.
> Sie **hat** mir Treu' **versprochen**.

Das Hilfsverb *sein* steht
– bei den intransitiven „Verben der Veränderung"/„Verben der Bewegung".

> Wir **sind** um 7 Uhr **abgefahren**.
> Wir **sind** um 10 Uhr **angekommen**.

Intransitive Verben
→ Seite 141

– bei den Hilfsverben *sein, werden* und bei *bleiben*.

> Wo **bist** du **gewesen**?
> Ich **bin** zu Hause **geblieben**.

35/2   **Gebrauch**

Das Perfekt drückt die Vergangenheit aus
(die meist noch einen Bezug zur Gegenwart hat).

> Sie **hat** mir Treu' **versprochen**   (Perfekt)
> *(Das ist heute noch von Bedeutung für mich.)*
> Gab mir ein'n Ring dabei.   (Präteritum)
> Sie **hat** die Treu' **gebrochen** …   (Perfekt)
> *(Das bedauere ich heute noch.)*

Niemand **hat** mir **geholfen,**   (Perfekt)
als ich Hilfe **brauchte.**   (Präteritum)

Das Perfekt kann auch anstelle des Futurs II gebraucht werden. Dann drückt Futur II
es einen Sachverhalt aus, der zu einem bestimmten Zeitpunkt in der Zukunft → Seite 97
abgeschlossen sein wird.

Streng dich ein bisschen an:
Bald **hast** du es ja **geschafft.**   (Perfekt)
Bald **wirst** du es **geschafft haben.**   (Futur II)

Begriffliche Klärungen ──────────────────────── **35/3**

Statt Perfekt sagt man auch *2. Vergangenheit* oder *vollendete Gegenwart.*

Alles verstanden?

Felix hat ein Schwesterchen bekommen.
Leonie

„Oma, ich habe dir einen Bonbon aufgehoben,
möchtest du ihn haben?"
„Gern", sagt die Oma und lutscht genüsslich.
„Schmeckt dir der Bonbon auch?"
„Ja, sehr!"
„Dann verstehe ich nicht, warum
Bello ihn vorhin ausgespuckt hat."

„Meine Schwester hat vielleicht Glück!", erzählt Uwe. „Sie ist zu einer
Fete eingeladen worden, bei der die Jungen den Mädchen zur Begrüßung
entweder einen Kuss oder eine Tafel Schokolade geben mussten."
„Na und?"
„Sie hat zehn Tafeln Schokolade bekommen!"

> Schiller **lebte** von 1759 bis 1805. Er **besuchte** die Karlsschule in Stuttgart. Nach der Uraufführung der Räuber **wurde** er Theaterdichter.
> Er **heiratete** 1790 Charlotte von Lengefeld und **wohnte** in Weimar. Er **schrieb** viele berühmte Theaterstücke, zum Beispiel „Wilhelm Tell".

36/1 Formen

Schwache Verben
→ Seite 70

Die schwachen Verben bilden das Präteritum mit den Endungen -*te, -test, -te, -ten, -tet, -ten*.

besuchen

ich besuch**te**	**-te**
du besuch**test**	**-test**
er/sie/es besuch**te**	**-te**
wir besuch**ten**	**-ten**
ihr besuch**tet**	**-tet**
sie besuch**ten**	**-ten**

Starke Verben
→ Seite 71

Die starken Verben bilden das Präteritum aus dem Verbstamm (mit Ablaut) und den Endungen -, *-st, -, -en, -t, -en*.

Ablaut
→ Seite 71

schreiben

ich schrieb	–
du schrieb**st**	**st**
er/sie/es schrieb	–
wir schrieb**en**	**-en**
ihr schrieb**t**	**-t**
sie schrieb**en**	**-en**

36/2 Gebrauch

Das Präteritum drückt Sachverhalte und Vorgänge aus, die in der Vergangenheit abgeschlossen sind (und keinen direkten Bezug mehr zur Gegenwart haben).

> Schiller **lebte** von 1759 bis 1805.
> Er **besuchte** die Karlsschule.
> Er **heiratete** 1790 Charlotte von Lengefeld
> und **wohnte** in Weimar.

Das Präteritum wird in Erzählungen, Novellen, Romanen gebraucht.
Man nennt es daher auch „Erzähltempus".

> An einem unfreundlichen Novembertage **wanderte** ein
> armes Schneiderlein auf der Landstraße nach Goldach,
> einer kleinen reichen Stadt, die nur wenige Stunden von
> Seldwyla entfernt ist. Der Schneider **trug** in seiner Tasche
> nichts als einen Fingerhut, welchen er, in Ermangelung
> irgendeiner Münze, unablässig zwischen den Fingern
> **drehte**, wenn er der Kälte wegen die Hände in die Hosen
> **steckte**, und die Finger **schmerzten** ihm ordentlich von
> diesem Drehen und Reiben …
>
> GOTTFRIED KELLER: Kleider machen Leute

Hilfsverben und Modalverben stehen vorzugsweise im Präteritum,
nicht im Perfekt.

Perfekt
→ Seite 90

> Michael **wollte** seinen Freund im Krankenhaus besuchen.
> (Nicht: Michael hat seinen Freund besuchen wollen.)
> Er **hatte** aber keine Zeit.
> (Nicht: Er hat keine Zeit gehabt.)

Der Gebrauch des Perfekts ist hier zwar nicht falsch, kennzeichnet aber die
Umgangssprache.

Begriffliche Klärungen ──────────────── **36/3**

Eine andere Bezeichnung für „Präteritum" ist *Imperfekt*.
Man nennt das Präteritum auch *1. Vergangenheit*.

Alles verstanden?

> ***Schmetterling auf meiner Hand***
>
> *Ein Schmetterling ließ sich auf meiner Hand nieder,
> während ich, in der offenen Fenstertüre sitzend, schrieb.
> Die Strahlen der Sonne waren heiß, der Untergrund der
> Luft eisig, der Falter flatterte ein Stückchen fort, suchte
> dann wieder die Hautwärme und blieb. Ich hatte alle
> Muße, ihn zu betrachten …*
>
> MARIE LUISE KASCHNITZ

37 Plusquamperfekt

*Alarm bei der Feuerwehr im Landkreis München. 30 Feuerwehrleute stürmten auf ihre Einsatzzüge zu. Ein Anrufer **hatte** die Feuerwehrleute **alarmiert**. Er **hatte** im Westen der Stadt einen Waldbrand **beobachtet**. Kurz vor dem Ausrücken der Löschwagen hieß es jedoch: „Kommando zurück." Der angebliche Waldbrand **hatte sich** als flammender Sonnenuntergang zwischen Wolkenfeldern **erwiesen**.*

37/1   Formen

Partizip II
→ Seite 82

Das Plusquamperfekt wird mit den Hilfsverben *haben/sein* und mit dem Partizip II gebildet.

	Hilfsverb im Präteritum	Partizip II
Er	*hatte*	*alarmiert.*
Er	*hatte*	*beobachtet.*
Sie	*war*	*gekommen.*

Die meisten Verben bilden das Plusquamperfekt mit dem Hilfsverb *haben*.
> *Er **hatte** einen Waldbrand **beobachtet***
> *und **hatte** die Feuerwehr **alarmiert**.*

Das Hilfsverb *sein* steht

Intransitive Verben
→ Seite 141

– bei den intransitiven „Verben der Veränderung"/„Verben der Bewegung".
> *Wir **waren** schon um 7 Uhr **abgefahren**.*
– bei den Hilfsverben *sein, werden* und bei *bleiben*.
> *Das **war** aber gar kein Waldbrand **gewesen**.*

37/2   Gebrauch

Vorzeitigkeit
→ Seite 86

Das Plusquamperfekt drückt die *Vorvergangenheit* aus.
Damit ist gemeint: Eine Handlung in der Vergangenheit war bereits beendet, als eine spätere Handlung anfing.

> Vergangenheit:
> *30 Feuerwehrleute stürmten auf ihre Einsatzzüge zu.*   (Präteritum)

94

Vorvergangenheit (Was war zuvor geschehen?):
*Ein Anrufer **hatte** die Feuerwehr **alarmiert**.*   (Plusquamperfekt)
*Er **hatte** im Westen der Stadt einen Wald-*
*brand **beobachtet**.*

Vergangenheit:
Es hieß jedoch: „Kommando zurück."   (Präteritum)

Vorvergangenheit (Was war vorher geschehen?):
*Der angebliche Waldbrand **hatte sich** als*
*flammender Sonnenuntergang **erwiesen**.*   (Plusquamperfekt)

Adverbial zur Verdeutlichung   **37/3**

Die Vorvergangenheit kann man zusätzlich durch ein Adverbial verdeut-   Adverbial
lichen.   → Seite 144

Als das Telefon läutete,   (Präteritum)
*war mein Vater **schon** weggegangen.*   (Plusquamperfekt)

Gestern war mein Onkel wieder zu Besuch.   (Präteritum)
***Im letzten Jahr** war er oft bei uns gewesen.*   (Plusquamperfekt)

Begriffliche Klärungen   **37/4**

Die deutschen Bezeichnungen für „Plusquamperfekt" sind: *vollendete Vergangenheit* und
Vollendung in der Vergangenheit.
Man nennt das Plusquamperfekt auch die *3. Vergangenheit*.

Alles verstanden?

Ein Jahr bevor ich zur Schule kam, wurde ich, mit knapp sechs Jahren,
das jüngste Mitglied des Turnvereins „zu Neu- und Antonstadt". Ich
hatte meiner Mutter keine Ruhe gelassen. Sie war strikt dagegen gewe-
sen. Ich sei noch zu klein. Ich hatte sie gequält, bestürmt, belästigt und
umgaukelt. „Du musst warten, bis du sieben Jahre alt bist", hatte sie
immer wieder geantwortet.

ERICH KÄSTNER: Der Kinderturner

> *Eines Tages **werden** Maschinen*
> *vielleicht denken **können**,*
> *aber sie **werden** niemals*
> *Fantasie **haben**.*
>
> THEODOR HEUSS

werden
→ Seite 74

38/1 Formen des Futurs I

Das Futur wird mit dem Hilfsverb *werden* im Präsens und dem Infinitiv gebildet.

	Hilfsverb *werden* im Präsens	Infinitiv
Maschinen	***werden***	*denken **können**.*
Sie	***werden***	***haben**.*
Ich	***werde***	***kommen**.*
Alle	***werden***	***warten**.*

38/2 Gebrauch des Futurs I

Das Futur I braucht man,
– um etwas Zukünftiges auszudrücken.
  *Die Abschlussfeier **wird** am 15.7. **stattfinden**.*
  *Der Direktor **wird** die Zeugnisse **aushändigen**.*
– um eine Vermutung auszudrücken.
  *Wo ist Stephanie? – Sie **wird** in ihrem Zimmer **sein**.*
  *Sie **wird** wohl ihre Hausarbeiten **machen**.*
– um eine feste Absicht auszudrücken.
  *Ich **werde** Ihnen bestimmt **schreiben**.*
  *Wir **werden** Ihnen die Waren bis zum Wochenende **liefern**.*

Die verschiedenen Gebrauchsmöglichkeiten des Futurs I können auch kombiniert vorkommen.

>*Eines Tages* (Hinweis auf die Zukunft) **werden** *Maschinen vielleicht* (Hinweis auf die Vermutung) *denken* **können,** *aber sie* **werden** *niemals Fantasie* **haben** (feste Überzeugung).

Formen des Futurs II   38/3

Das Futur II wird folgendermaßen gebildet:
Hilfsverb *werden* im Präsens + Partizip II + Infinitiv der Hilfsverben *haben/sein*.

Partizip II
→ Seite 82

	Hilfsverb *werden* im Präsens	Partizip II	Hilfsverb *haben/sein* im Infinitiv
Sie	**wird**	**angekommen**	**sein.**
Alle	**werden**	**gewartet**	**haben.**

Gebrauch des Futurs II   38/4

Das Futur II gebraucht man,
– wenn der Abschluss eines Vorgangs noch bevorsteht.

>*Heute früh hat es geschneit.*
>*Bis Mittag* **wird** *der Schnee* **getaut sein.**

>*Streng dich ein bisschen an!*
>*Du* **wirst** *es bald* **geschafft haben.**

– wenn man vermutet, dass etwas bereits geschehen ist.

>*Die Schülerinnen und Schüler sind um 8 Uhr abgefahren.*
>*Gegen 17 Uhr* **werden** *sie (vermutlich) in der Jugendherberge* **angekommen sein.**

Begriffliche Klärungen ———————————— 38/5

Statt „Futur II" kann man auch *vollendete Zukunft* sagen.

Wir **haben** eine
neue Tanne **gekauft**.

Eine neue Tanne
wurde gekauft.

Mein Vater **pflanzt**
die neue Tanne.

Die Tanne **wird**
heute **gepflanzt**.

Ich **gieße** die
Tanne an.

Die Tanne **wird**
angegossen.

Aktiv

Passiv

39/1   Gebrauch

Das Aktiv gebraucht man, wenn man den Urheber der Handlung im Satz
benennen will. Der Handelnde ist Subjekt.

Subjekt
→ Seite 134

> **Wir** haben eine neue Tanne gekauft.
> **Mein Vater** pflanzt sie.
> **Ich** gieße sie an.

Das Passiv gebraucht man, wenn man den Vorgang vom Betroffenen aus
darstellen will.

Objekt
→ Seite 140

Das Objekt des Aktiv-Satzes wird zum Subjekt des Passivsatzes.

> **Die neue Tanne** wird gepflanzt.
> **Die Tanne** wird dann angegossen.

Auf das Subjekt des Aktiv-Satzes kann man mit *von* (oder *durch*) hinweisen.

> Die Tanne wurde **von meinem Vater** gepflanzt.
> Sie wurde **von mir** angegossen.

Persönliches / unpersönliches Passiv

– Persönliches Passiv:
Der Betroffene wird genannt und ist Subjekt.

> *Die Tanne wird gepflanzt.*
> *Das Auto wird repariert.*

– Unpersönliches Passiv:
Der Betroffene wird *nicht* genannt.
Stattdessen steht *es*. (*es* ist der „Platzhalter" für das Subjekt.)

Platzhalter
→ Seite 49

> *Es wurde viel gelacht.*
> *Es wurde den ganzen Abend getanzt.*

es kann auch fehlen.

> *Da wurde viel gelacht.*
> *Den ganzen Abend wurde getanzt.*

Vorgangspassiv / Zustandspassiv

Im Deutschen gibt es zwei Passiv-Formen:

1. Das Vorgangspassiv.
   Es wird mit dem Hilfsverb *werden* und dem Partizip II gebildet.

Partizip II
→ Seite 82

	Hilfsverb werden	Partizip II
Die Tanne	**wird**	**gepflanzt.**
Der Rasen	**wird**	**gemäht.**

2. Das Zustandspassiv.
   Es wird mit dem Hilfsverb *sein* und dem Partizip II gebildet.

	Hilfsverb sein	Partizip II
Die Tanne	**ist**	**gepflanzt.**
Das Gartencenter	**ist**	**geschlossen.**

Unterscheidung Vorgangspassiv/Zustandspassiv

> *Die Tanne wird gerade gepflanzt.* (Vorgang)
> *Die Tanne ist bereits gepflanzt.* (Zustand)
>
> *Der Kuchen wird gebacken.* (Er ist noch im Backofen.)
> *Der Kuchen ist gebacken.* (Jetzt ist er fertig.)

39/4 Zeiten

Sowohl das Vorgangspassiv als auch das Zustandspassiv gibt es in *allen* Zeiten:

Vorgangspassiv

Die Tanne **wird** *gepflanzt.*	(Präsens)
Die Tanne **wurde** *gepflanzt.*	(Präteritum)
Die Tanne **ist** *gepflanzt* **worden.**	(Perfekt)
Die Tanne **war** *gepflanzt* **worden.**	(Plusquamperfekt)
Die Tanne **wird** *gepflanzt* **werden.**	(Futur)

Zustandspassiv

Das Gartencenter **ist** *geschlossen.*	(Präsens)
Das Gartencenter **war** *geschlossen.*	(Präteritum)
Das Gartencenter **ist** *geschlossen* **gewesen.**	(Perfekt)
Das Gartencenter **war** *geschlossen* **gewesen.**	(Plusquamperfekt)
Das Gartencenter **wird** *geschlossen* **sein.**	(Futur)

39/5 Passiv / Futur I / Perfekt

a) Unterscheide Vorgangspassiv und Futur I.

Vorgangspassiv → Seite 99

Das Vorgangspassiv wird gebildet: *werden* + Partizip II.
   Die Tanne **wird gepflanzt.**

Futur I → Seite 96

Das Futur I wird gebildet: *werden* + Infinitiv.
   Die Tanne **wird wachsen.**

b) Unterscheide Zustandspassiv und Perfekt.

Partizip II → Seite 82

Das Zustandspassiv wird gebildet: *sein* + Partizip II.
Das Perfekt einiger Verben wird ebenso gebildet.

Gebrauch der Hilfsverben haben/sein → Seite 75

Das Gartencenter **ist** *jetzt* **geschlossen.**	(Präsens **Passiv**)
Herr Müller **ist** *vorhin* **gekommen.**	(Perfekt **Aktiv**)

39/6 Begriffliche Klärungen

Aktiv und Passiv haben als gemeinsamen Oberbegriff: *Genus verbi* oder *Handlungsform*.

Alles verstanden?

Steinzeitfund

Helmstedt (AP). Die vermutlich ältesten von Menschenhand angefertigten Waffen sind in einer Braunkohlengrube bei Helmstedt in Niedersachsen gefunden worden. Die drei bis zu zwei Meter langen Speere aus Fichtenholz sollen vor 400 000 Jahren von Frühmenschen der Art des Homo erectus hergestellt worden sein.

Überzeugungen sind Krankheiten, die durch Begeisterung übertragen werden.

SIEGFRIED LENZ

Niemand wird so gestreichelt wie das Opferlamm auf dem Weg zur Schlachtbank.

JOHANNES GROSS

Grundsatz 9

Das Kind wird vor Vernachlässigung, Grausamkeit und Ausnutzung jeder Art geschützt. Es ist in keinem Fall Gegenstand eines Handels. Das Kind wird erst nach Erreichung eines geeigneten Mindestalters zur Arbeit zugelassen, nie wird es gezwungen oder wird ihm erlaubt, einen Beruf oder eine Tätigkeit auszuüben, die seiner Gesundheit oder Erziehung schaden oder seine körperliche, geistige und moralische Entwicklung hemmen kann.

(Erklärung der Rechte des Kindes der Vereinten Nationen vom 20.11.1959)

Hallenbad, Theaterstraße 1, ist von 6 bis 21 Uhr geöffnet. Ab 8 Uhr Warmbaden.

(ZEITUNGSANZEIGE)

101

Pharao-Tempel unter der Erde

Amerikanische und ägyptische Archäologen haben einen unterirdischen Tempel von Ramses II. entdeckt. Die Kairoer Presse berichtet, dass eine der freigelegten Tempelwände völlig intakt **sei**. Aus den Inschriften **könne** man Hintergründe der Kriege des Pharaos vor 3250 Jahren gegen die Libyer entnehmen. Der Fundort **liege** im westlichen Nildelta, 100 Kilometer nordwestlich von Kairo.

40/1 Indikativ / Konjunktiv

Alle Verbformen der Kapitel 34–39 sind Formen des *Indikativs*.
Der Indikativ ist der neutrale Modus des Verbs, den man am häufigsten gebraucht. Die beiden anderen Modi (*Konjunktiv* und *Imperativ*) eröffnen spezielle Möglichkeiten, um sich auszudrücken.

Indikativ	Konjunktiv
Der Tempel **ist** *intakt.*	*… der Tempel* **sei** *intakt.*
Man **kann** *entnehmen …*	*… man* **könne** *entnehmen …*
Der Fundort **liegt** *…*	*Der Fundort* **liege** *…*

Formen

Der Konjunktiv I wird aus dem Stamm des Infinitivs und den Endungen
-e, -est, -e, -en, -et, -en gebildet.
Der Konjunktiv I hat *keinen* Ablaut.

Ablaut
→ Seite 71

Präsens Indikativ		Konjunktiv I	
ich gebe	=	ich geb**e**	**-e**
du gibst		du geb**est**	**-est**
er/sie/es gibt		er/sie/es geb**e**	**-e**
wir geben	=	wir geb**en**	**-en**
ihr gebt		ihr geb**et**	**-et**
sie geben	=	sie geb**en**	**-en**

Ebenso:			
ich nehme	=	ich nehm**e**	**-e**
du nimmst		du nehm**est**	**-est**
er/sie/es nimmt		er/sie/es nehm**e**	**-e**
wir nehmen	=	wir nehm**en**	**-en**
ihr nehmt		ihr nehm**et**	**-et**
sie nehmen	=	sie nehm**en**	**-en**

Einige Formen des Indikativs und des Konjunktivs I stimmen überein (=).

Ersatz des Konjunktivs I

Wenn sich die Konjunktiv-I-Formen nicht vom Indikativ unterscheiden
oder wenn die Formen zu gesucht und altertümlich wirken,
ersetzt man sie durch Konjunktiv-II-Formen oder durch Formen mit *würde*.

Konjunktiv II
→ Seite 106

Indikativ		Konjunktiv I	Konjunktiv II	*würde*-Form
ich gebe	=	ich gebe	ich gäbe	ich würde geben
sie kommen	=	sie kommen	sie kämen	sie würden kommen
sie will		sie wolle	sie wollte	sie würde wollen

Geläufig sind die Konjunktiv-I-Formen der Hilfsverben *haben, sein, werden*.
Sie werden nicht ersetzt.

Indikativ	Konjunktiv
er hat	er habe
sie ist	sie sei
es wird	es werde

40/4	**Gebrauch**

Der Konjunktiv I wird gebraucht a) in der indirekten Rede, b) in der indirekten Frage, c) in Wunsch- und Ausrufesätzen und d) in festen Wendungen.

Einzelheiten:

Indirekte Rede → Seite 169

a) Im Deutschen *kann* der Konjunktiv I in der indirekten Rede gebraucht werden.

(Das ist im heutigen Deutsch jedoch nicht mehr zwingend notwendig. Man wird den Konjunktiv I in der indirekten Rede dann gebrauchen,
– wenn man sich sehr gewählt ausdrücken will,
– wenn man deutlich machen will, dass es sich wirklich um eine indirekte Rede handelt und man für den Wahrheitsgehalt der indirekten Rede keine Garantie übernehmen will.)

Direkte Rede:
Sie sagte zu ihrer Freundin:
„Ich komme dich morgen besuchen."
Indirekte Rede:
Sie sagte zu ihrer Freundin,
*… **dass** sie sie morgen besuchen **komme.***
     … dass sie sie morgen besuchen kommt.
*… sie **komme** sie morgen besuchen.*
     … sie kommt sie morgen besuchen.

Indirekter Fragesatz → Seite 173

b) Der Konjunktiv I *kann* in der indirekten Frage stehen.
Direkte Frage:
Sie fragte ihre Freundin:
„Wann kommst du?
Bringst du CDs mit?"
Indirekte Frage:
Sie fragte ihre Freundin,
*… wann sie **komme**.*
     … wann sie kommt.
*… ob sie CDs **mitbringe**.*
     … ob sie CDs mitbringt.

c) Der Konjunktiv I steht gelegentlich in Wunsch- oder Ausrufesätzen.
*Sie **lebe** hoch!*
*Edel **sei** der Mensch, hilfreich und gut.* (Goethe)

d) Der Konjunktiv I steht in einigen festen Wendungen.
***Komme**, was **wolle**.*
*Es **sei** denn, dass …*

Begriffliche Klärungen ————————————————— 40/5

- Das deutsche Wort für „Konjunktiv" ist *Möglichkeitsform*.

- Das deutsche Wort für „Indikativ" ist *Wirklichkeitsform*.

- Der „Konjunktiv I" wird auch *Konjunktiv Präsens* genannt.

- Indikativ, Konjunktiv und Imperativ sind die drei *Modi* des Deutschen.
  (Singular: der Modus)
  Statt „Modus" sagt man auch *Modusformen* oder *Aussageweisen*.

- Statt „indirekte Rede" sagt man auch *berichtende Rede* oder *nichtwörtliche Rede*.

Alles verstanden?

Wer die Lebenslaufbahn seiner Kinder zu verpfuschen gedenkt, der räume ihnen alle Hindernisse weg.

EMIL OESCH

Ich sei, gewährt mir die Bitte, In eurem Bunde der Dritte.

SCHILLER

Pierce Brosnan, 43 Jahre alter James-Bond-Darsteller, will seine Karriere als Superspion nach nur vier Filmen beenden. Einer englischen Sonntagszeitung sagte der Star, die Rolle mache zwar Spaß, er werde aber nicht jünger. „Ich will nicht, dass die Leute sehen, wie ich älter werde, meine Taille dicker und mein Haar dünner. Das wäre schrecklich."

Gottesmauer

Da war irgendwo Krieg, ein Winterfeldzug, und eine alte Witwe, die sich vor dem Feinde mächtig fürchtete, betete zu Gott, er möge doch „eine Mauer um sie bauen", um sie vor dem Landesfeinde zu schützen. Und da ließ Gott das Haus einschneien, und der Feind zog daran vorüber.

THEODOR FONTANE

Don Fernando ... fragte, ob sie sich nicht mit ihm zu jener Gesellschaft verfügen wollten, wo eben jetzt beim Feuer ein kleines Frühstück bereitet werde. Josephe antwortete, dass sie dies Anerbieten mit Vergnügen annehmen würde ...

HEINRICH VON KLEIST: Das Erdbeben in Chili

> *Der Mensch hat die Atombombe*
> *erfunden. Keine Maus der Welt*
> ***käme*** *auf die Idee, eine Mause-*
> *falle zu konstruieren.*
>
> WERNER MITSCH

41/1 Formen

Die Formen des Konjunktivs II werden vom Präteritum abgeleitet.

Umlaut
→ Seite 8

Die Endungen sind die des Konjunktivs I: *-e, -(e)st, -e, -en, -(e)t, -en*.
Die starken Verben haben zusätzlich – wenn möglich – einen Umlaut.

Starke Verben
→ Seite 71

Präteritum Indikativ	Konjunktiv II	
ich kam	*ich käme*	*-e*
du kamst	*du kämst*	*-(e)st*
er/sie/es kam	*er/sie/es käme*	*-e*
wir kamen	*wir kämen*	*-en*
ihr kamt	*ihr kämt*	*-(e)t*
sie kamen	*sie kämen*	*-en*

Ebenso:

ich war	*ich wäre*
du hattest	*du hättest*
er/sie/es wurde	*er/sie/es würde*
wir konnten	*wir könnten*
ihr solltet =	*ihr solltet*
sie wollten =	*sie wollten*

Ersatz durch „würde"-Formen

41/2

Wenn sich die Formen des Konjunktivs II nicht vom Präteritum Indikativ
unterscheiden
oder wenn sie zu gesucht und altertümlich wirken,
gebraucht man stattdessen Formen mit *würde*.

Präteritum
→ Seite 92

Präteritum Indikativ		Konjunktiv II	würde-Form
sie spielten	=	*sie spielten*	*sie würden spielen*
ich half		*(ich hülfe)*	*ich würde helfen*
er bot		*(er böte)*	*er würde bieten*
sie las		*(sie läse)*	*sie würde lesen*

Gebrauch als „Irrealis"

41/3

Der Konjunktiv II wird gebraucht, um auszudrücken, dass eine Aussage *nicht
der Wirklichkeit* entspricht, dass sie also *irreal* ist.

> *Die Menschen **haben** die Atombombe erfunden.*
> (Das ist eine Tatsache; das entspricht der Wirklichkeit.)
> *Keine Maus **käme** auf die Idee, eine Mausefalle zu
> konstruieren.*
> (Das ist nicht vorstellbar; das ist *irreal*.)

Einzelheiten zum Gebrauch des „Irrealis":

a) Irrealer Konditionalsatz (Bedingungssatz).
   Der irreale Konditionalsatz drückt eine Bedingung aus, die der Wirklich-
   keit nicht entspricht.

Konditionalsatz
→ Seite 148

> *Wenn wir Ferien **hätten** …*
> (Wir haben jetzt aber keine Ferien.)
> *Wenn ich Zeit **hätte** …*
> (Ich habe aber leider keine Zeit.)
> *Wenn ich reich **wäre** …*
> (Ich bin aber nicht reich.)
> *Wenn du das Fußballspiel gesehen **hättest** …*
> (Du hast es leider nicht gesehen.)

Nur in der gesprochenen Sprache kommen gelegentlich *würde*-Formen
vor:

> *Wenn ich mehr Zeit **haben würde** …*

Fortsetzung
→ nächste Seite

b) Irrealer Wunschsatz.

> *Wenn ich dir doch helfen **könnte** …*
> (Leider kann ich dir nicht helfen.)
> *Wenn ich das ungeschehen machen **könnte** …*
> (Ich kann das nicht mehr ungeschehen machen.)

Konzessivsatz
→ Seite 150

c) Irrealer Konzessivsatz (Einräumungssatz).

Der Konzessivsatz wird mit *obwohl* eingeleitet.

> *… obwohl ich gern gekommen **wäre**.*
> (Ich konnte aber nicht kommen.)
> *… obwohl mich das interessiert **hätte**.*
> (Ich hatte aber leider keine Zeit dafür.)

Konsekutivsatz
→ Seite 149

d) Irrealer Konsekutivsatz (Folgesatz).

Irreale Konsekutivsätze werden mit *als dass* eingeleitet.

> *Der Überfall lief zu schnell ab,*
> ***als dass** ich mir Einzelheiten hätte merken können.*
> (Ich konnte mir leider keine Einzelheiten merken.)

e) Der Konjunktiv II *kann* auch in Sätzen stehen, die mit *als ob* oder *als wenn* eingeleitet werden.

(Hier kann auch der Konjunktiv I oder eine würde-Form stehen.)

> *Verena tut so,*
> *… als ob sie nichts bemerkt **hätte**.*   (Konjunktiv II – damals)
> *… als ob sie nichts bemerkt **habe**.*   (Konjunktiv I – vorhin)
> *… als ob sie nichts bemerken **würde**.*   (Ersatz-Form „würde" – jetzt)
> (In Wirklichkeit hat sie etwas bemerkt.)

Modalverben
→ Seite 76

f) Der Konjunktiv II wird bei den Modalverben *müssen, dürfen, sollen* gebraucht, wenn die Aussage nicht der Wirklichkeit entspricht.

> *Du **hättest** dich mehr anstrengen **müssen**.*
> (Du hast dich nicht genug angestrengt.)
> *Sie **hätte** die Verabredung nicht vergessen **dürfen**.*
> (Sie hat die Verabredung aber vergessen.)

41/4   Gebrauch als „Potentialis"

Der Konjunktiv II kann ausdrücken, dass ein Sachverhalt *vielleicht möglich* ist.

a) Der Potentialis drückt eine *Vermutung* aus.

> *Es **könnten** noch Schwierigkeiten entstehen.*
> (Das ist vielleicht möglich.)

*So **könnte** es gehen.*
(Vielleicht geht es so.)
*Das **wäre** eine gute Lösung.*
(Vielleicht ist das eine gute Lösung.)

b) Der Potentialis drückt einen *höflichen Wunsch* aus.
   (Man deutet damit an, dass man die Erfüllung des Wunsches nicht für selbstverständlich hält.)

   *Ich **hätte** gern noch eine Tasse Kaffee.*
   (Vielleicht bekomme ich sie? Vielleicht nicht?)
   ***Könnten** Sie mir den Weg zeigen?*
   (Vielleicht ist das möglich? Vielleicht nicht?)

Begriffliche Klärungen ────────────────────────── 41/5

– Das deutsche Wort für „Konjunktiv" ist *Möglichkeitsform*.

– Das deutsche Wort für „Indikativ" ist *Wirklichkeitsform*.

– *Irrealis* und *Potentialis* sind zwei Bezeichnungen für den Konjunktiv II, die den Gebrauch ausdrücken.

– Statt „Konjunktiv II" wird auch der Begriff *Konjunktiv Präteritum* gebraucht.

– Die „*würde*-Formen" werden auch *Konditional* genannt.

Alles verstanden?

*Wärst du an meiner Stelle,
du würdest anders denken.*
TERENZ

Hätten Sie's gewusst?

*Wenn die Menschen nur über das
sprächen, was sie begreifen, dann
würde es sehr still auf der Welt sein.*
ALBERT EINSTEIN

*Gäbe es Gott nicht, so müsste
man ihn erfinden.*
VOLTAIRE

*Behüt' dich Gott, es wär' so schön gewesen,
Behüt' dich Gott, es hat nicht sollen sein!*
J. V. VON SCHEFFEL

Anweisung für Zeitungsleser

I
Prüft *jedes Wort*
prüft *jede Zeile*
 vergesst niemals
 man kann
 mit einem Satz
 auch den Gegen-Satz ausdrücken

II
Misstraut *den Überschriften*
den fettgedruckten
 sie verbergen das Wichtigste
Misstraut *den Leitartikeln*
 den Inseraten
 den Kurstabellen
 den Leserbriefen
und den Interviews am Wochenende
auch die Umfragen der Meinungsforscher
 sind manipuliert
 die Vermischten Nachrichten von findigen
 Redakteuren erdacht
Misstraut *dem Feuilleton*
 den Theaterkritikern die Bücher
 sind meistens besser als ihre Rezensenten
lest *das was sie verschwiegen haben*

HORST BIENEK

(Das Weglassen der Satzzeichen ist „dichterische Freiheit".)

42/1 Formen

Die Formen des Imperativs sind:

2. Person Singular:	*prüfe, misstraue, lies*
2. Person Plural:	*prüft, misstraut, lest*
Höflichkeitsform:	*prüfen Sie, misstrauen Sie, lesen Sie*
(Singular/Plural)	

Die 2. Person Singular Imperativ hat die Endung *-e*
– bei Verben auf *-eln, -ern,*
  lächle, feiere, gliedere
– bei Verben, deren Stamm auf *-ig* endet,
  entschuldige, beherzige, fertige an
– bei Verben, die auf mehrere Konsonanten enden.
  öffne, antworte, rechne

Die 2. Person Singular Imperativ hat *nicht* die Endung -*e*,
wenn der Verbstamm den Ablaut -i- hat.

Ablaut
→ Seite 71

> *vergiss, lies, iss, nimm*

Sonst ist der Gebrauch der Endung -*e* freigestellt.

schreib	oder	*schreibe*
sag	oder:	*sage*

Das Verb *sein* hat besondere Imperativ-Formen.

2. Person Singular:	*sei*
2. Person Plural:	*seid*
Höflichkeitsform:	*seien Sie*

Gebrauch — 42/2

Der Imperativ drückt einen Wunsch, eine Aufforderung, einen Befehl oder
ein Verbot aus.

> **Prüft** *jedes Wort!*
> **Vergesst** *es niemals!*
> **Komm** *her!*
> **Lass** *das!* **Hör** *auf!*

Ersatzmöglichkeiten — 42/3

Neben dem Imperativ gibt es in der deutschen Sprache andere Möglichkei-
ten, einen Wunsch auszudrücken:

Pass auf!	Imperativ (Aufforderungssatz)
Bitte, pass auf!	Imperativ mit *bitte*
Du passt jetzt auf!	Aussagesatz (mit Ausrufezeichen)
Ich würde an deiner Stelle aufpassen.	Aussagesatz mit *würde*
Wirst du endlich aufpassen?	Fragesatz
Würdest du wohl aufpassen?	Fragesatz mit *würde*
Aufgepasst!	Partizip II
Aufpassen!	Infinitiv
Du sollst aufpassen!	Modalverb
Du solltest aufpassen.	Modalverb im Präteritum

Partizip II
→ Seite 82

Modalverben
→ Seite 76

43 Bestimmung von veränderlichen Verbformen

Folgende Merkmale werden bei der Bestimmung von veränderlichen Verbformen berücksichtigt:

Übliche
Abkürzung

Person	1. Person 2. Person 3. Person	*1.* *2.* *3.*
Numerus (Zahl)	Singular Plural	*Sg.* *Pl.*
Tempus (Zeit)	Präsens Perfekt Präteritum Plusquamperfekt Futur I Futur II	*Präs.* *Perf.* *Prät.* *Pl. Perf.* *Fut. I* *Fut. II*
Genus verbi (Handlungsart)	Aktiv Passiv	*Akt.* *Pass.*
Modus (Aussageweise)	Indikativ Konjunktiv Imperativ	*Ind.* *Konj.* *Imp.*

Wie sag ich es meinem Hund?

Polizisten in Dallas im US-Bundes-
staat Texas **haben** mit ungewöhn-
lichen sprachlichen Äußerungen in
der Bevölkerung für Aufsehen
gesorgt. Bürger **haben berichtet**,
dass die Beamten ihre Hunde mit un-
verständlichen Befehlen wie „sedna",
„sita" oder „sitz" **herumkomman-
dieren**. – Hundeführer Brian Varker
lieferte dafür eine ganz einfache
Erklärung: Die meisten Tiere, die
den Polizisten im Kampf gegen das
Verbrechen **helfen**, **stammen** aus
Europa, wo die Hunde sorgfältiger
gezüchtet und besser **ausgebildet
werden**. Diesen vierbeinigen Kolle-
gen, so Varker, **müsse** man natürlich
auf Tschechisch, Niederländisch oder

Deutsch Befehle geben – eben in
der Sprache, die ihnen bekannt **ist**.
„Schließlich **war** es einfacher, den
Polizisten eine Fremdsprache beizu-
bringen als den Hunden."

(AUS DER ZEITUNG)

	Person	Numerus	Tempus	Handlungsart	Modus
haben gesorgt	3.	Pl.	Perf.	Akt.	Ind.
haben berichtet	3.	Pl.	Perf.	Akt.	Ind.
herum- kommandieren	3.	Pl.	Präs.	Akt.	Ind.
lieferte	3.	Sg.	Prät.	Akt.	Ind.
helfen	3.	Pl.	Präs.	Akt.	Ind.
stammen	3.	Pl.	Präs.	Akt.	Ind.
gezüchtet / ausge- bildet werden	3.	Pl.	Präs.	Pass.	Ind.
müsse	3.	Sg.	Präs.	Akt.	Konj. I
ist	3.	Sg.	Präs.	Akt.	Ind.
war	3.	Sg.	Prät.	Akt.	Ind.

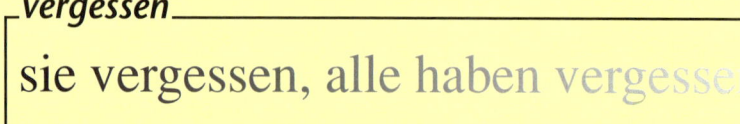

vergessen

sie vergessen, alle haben vergessen

ICH FRAGE NACH

44/1
Präfix + Verb

Präfix
→ Seite 20
Verben können *trennbare* und *untrennbare* Präfixe haben.

Trennbar:	*nach*fragen:	ich frage **nach**
	*fort*gehen:	ich gehe **fort**
Untrennbar:	*ver*gessen:	ich **ver**gesse
	*be*gleiten:	ich **be**gleite

Wenn das Präfix *unbetont* ist, ist es *untrennbar* mit dem Verb verknüpft.
Solche Präfixe, die keine eigene Bedeutung haben, sind
in deutschen Wörtern: *be-, ent-, er-, ge-, miss-, ver-, zer-,*
in Fremdwörtern: *de-, des-, dis-, in-, re- ...*

> **be**achten: ich **be**achte
> **er**zählen: ich **er**zähle
> **ge**fallen: ich **ge**falle
> **re**produzieren: ich **re**produziere

Diese Art der Verbbildung nennt man *Ableitung*.

> achten → **be**achten, **miss**achten, **ver**achten

Wenn das Präfix *betont* ist, ist es auch trennbar.
Diese trennbaren *zusammengesetzten Verben* werden nur im Infinitiv und

Partizipien
→ Seite 80, 82
als Partizipien zusammengeschrieben, sonst getrennt.

> **an**kommen, **an**gekommen: ich komme **an**
> **auf**passen, **auf**gepasst: ich passe **auf**
> **mit**kommen, **mit**gekommen: ich komme **mit**
> **vor**tragen, **vor**getragen: ich trage **vor**
> **zu**hören, **zu**gehört: ich höre **zu**

Gliedsatz
→ Seite 163
Ausnahme: Am Ende eines Gliedsatzes wird *nicht* getrennt.

> Die Schüler passen auf. (getrennt)
> ... damit die Schüler **aufpassen**. (zusammen)
> Die Freundin kommt mit. (getrennt)
> ... weil die Freundin **mitkommt**. (zusammen)

Je nach Betonung (und Bedeutung) werden einige zusammengesetzte Verben immer zusammengeschrieben – oder sie sind trennbar.
Sie haben die Präfixe *durch-, hinter-, über-, um-, unter-* …

> über**setz**en / **über**setzen:
> Ich **übersetze** den Text ins Französische.
> Die Fähre **setzt** die Fahrgäste **über**.

> um**stell**en / **um**stellen:
> Die Polizei **umstellt** das Gebäude.
> Wir **stellen** die Möbel **um**.

Satzklammer 44/2

Mit „Satzklammer" oder „Satzrahmen" bezeichnet man das Verb und sein später folgendes, trennbares Präfix.

> Ich **schreibe** **ab**.
> └─ Satzklammer ─┘

> Ich **schreibe** den ganzen Text fehlerfrei **ab**.
> └──────── Satzklammer ────────┘

Die Satzklammer kommt auch bei mehrteiligen Prädikaten vor.

Prädikat
→ Seite 136

> Ich **habe abgeschrieben**.
> └─ Satzklammer ─┘

> Ich **habe** den ganzen Text fehlerfrei **abgeschrieben**.
> └──────── Satzklammer ────────┘

Nomen/Substantiv + Verb 44/3

In der Regel werden Nomen/Substantive und Verben getrennt geschrieben. (Werden Nomen und Verb als zusammengesetztes Nomen gebraucht, wird zusammengeschrieben.)

> Wir werden **Auto fahren**. (das **Autofahren** lernen)

Andere Wörter als
Nomen/Substantive
→ Seite 26

Ausnahme: Zusammensetzungen aus Nomen/Substantiven und Verben, deren erster Bestandteil die Eigenschaft als selbständiges Nomen/Substantiv verloren hat, werden im Infinitiv und als Partizipien zusammengeschrieben.

> *leidtun, nottun, kopfstehen, eislaufen*
> *preisgeben   preisgegeben   wir geben preis*

Verb + Verb

Verbindungen aus Verb und Verb werden grundsätzlich getrennt geschrieben.

am Sonntag **spazieren gehen**

(Es sei denn, die beiden Verben werden als zusammengesetztes Nomen/Substantiv gebraucht.)

das **Spazierengehen** am Sonntag

Andere Wörter als Nomen/Substantive → Seite 26

Ausnahme: Nach der Rechtschreibreform von 2006 können Verbindungen mit *bleiben* und *lassen* als zweitem Bestandteil bei übertragener Gesamtbedeutung auch zusammengeschrieben werden.

sitzen lassen/sitzenlassen (jemanden im Stich lassen)

sitzen bleiben/sitzenbleiben (nicht versetzt werden)

Sonderfall: Die Verbindung *kennen lernen/kennenlernen* darf in jedem Fall getrennt oder zusammengeschrieben werden.

Adjektiv + Verb

Nach der Rechtschreibreform 2006 werden Verbindungen aus Adjektiven und Verben zusammengeschrieben, wenn sich eine neue übertragene Gesamtbedeutung ergibt.

offenbleiben (ungelöst bleiben)

Ausnahme: Wenn nicht eindeutig entschieden werden kann, ob eine übertragene Bedeutung vorliegt, bleibt es dem Schreibenden überlassen, ob getrennt oder zusammengeschrieben werden soll.

sich frei nehmen/freinehmen

Andere Wörter als Nomen/Substantive → Seite 26

(Es wird zusammengeschrieben, wenn die Verbindung als zusammengesetztes Nomen/Substantiv gebraucht wird.)

das **Offenbleiben** des Problems, das **Freinehmen** von der Arbeit

Nach der Rechtschreibreform 2006 können Verbindungen aus Adjektiven und Verben, in denen das Adjektiv das Ergebnis (Resultat) der Tätigkeit des Verbs ausdrückt, getrennt oder zusammengeschrieben werden.

den Boden **blank polieren/blankpolieren**

Andere Wörter als Nomen/Substantive → Seite 26

(Es wird zusammengeschrieben, wenn die Verbindung als zusammengesetztes Nomen/Substantiv gebraucht wird.)

das **Blankpolieren** des Bodens

Die Adjektive *fest*, *voll* und *tot* bilden eine Sondergruppe, da sie zahlreiche Verbindungen mit Verben eingehen und oft in übertragener Bedeutung gebraucht werden. Sie werden fast immer zusammengeschrieben.

festhalten, festsetzen, festnehmen, …

vollgießen, volltanken, vollfüllen, …

totlachen, totarbeiten, totärgern, …

Partikel + Verb 44/6

Nach der Rechtschreibreform 2006 werden Partikeln und Verben zusammengeschrieben, wenn die Partikel in der Verbindung den Hauptakzent (die Hauptbetonung) trägt.
Häufige Partikeln sind: *abwärts-, aufwärts-, auseinander-, durcheinander-,.*
> *Er wird* **abwärtsfahren** *und dann* **aufwärtsfahren.**

Irgendein Wort + „sein" 44/7

Mit dem Hilfsverb *sein* darf kein Wort zusammengeschrieben werden.
(Es sei denn, das Wort und *sein* werden als Nomen/Substantiv gebraucht.)
> *Wir werden alle* **beisammen sein.**
> Aber:
> *Das* **Beisammensein** *der Klassenkameraden.*

Andere Wörter als Nomen/Substantive
→ Seite 26

Übersicht über die Getrennt- und Zusammenschreibung der Verben

	Getrennt-schreibung	Zusammen-schreibung
Präfix + Verb		nachfragen, beachten
Nomen/ Substantiv + Verb	Auto fahren, Diät halten	leidtun, preisgeben
Verb + Verb	spazieren gehen, lesen üben sitzen bleiben sitzen lassen	sitzenbleiben* (nicht versetzt werden) sitzenlassen* (im Stich lassen)
Adjektiv + Verb	aktiv werden offen bleiben (nicht geschlossen werden) blank polieren	offenbleiben (nicht gelöst werden) blankpolieren*
Partikel + Verb		abwärtsfahren, durcheinanderreden
Irgendein Wort + sein	beisammen sein, fertig sein	

*fakultative Variante

Die Stadt

Am grauen Strand, am grauen Meer
*Und **seitab** liegt die Stadt;*
*Der Nebel drückt die Dächer **schwer**,*
Und durch die Stille braust das Meer
***Eintönig** um die Stadt.*

THEODOR STORM

45/1 **Partikel**

Präposition
→ Seite 122
Konjunktion
→ Seite 126
Interjektion
→ Seite 129

Adverbien sind unveränderlich. Unveränderliche Wörter, die nur *eine* Wortform haben, heißen *Partikeln*. Zu den Partikeln gehören außer den Adverbien auch die *Präpositionen, Konjunktionen* und *Interjektionen*.

45/2 **Gebrauch**

Das Adverb bezieht sich
– auf ein Verb.

> *Die Stadt liegt **seitab**.*

– auf ein Adjektiv.

> *das **sehr** schnelle Auto*

– auf ein anderes Adverb.

> *Ich habe das **sehr** wohl verstanden.*

– auf einen ganzen Satz.

> ***Hoffentlich** gibt es keinen Ärger.*

– gelegentlich auch auf ein Nomen/Substantiv.

> *Der Junge **dort** ist mein Freund.*

Adjektiv
→ Seite 62

Im Gegensatz zum Adverb bezieht sich das Adjektiv immer
– auf ein Nomen/Substantiv: *Das **Auto** ist **teuer**.*
– oder auf ein Pronomen: *Es ist **teuer**.*

Arten
45/3

Die vier wichtigsten Arten von Adverbien sind:

1. modale Adverbien (Adverbien der Art und Weise).
   Frage: *Wie …?*

   > *sehr, gern, hoffentlich, besonders, auch, ebenfalls,*
   > *sogar, bestimmt, vergebens, genauso, genug, weitaus,*
   > *ungefähr, allerdings, freilich, zumindest, immerhin,*
   > *doch, jedoch, dagegen, ausgerechnet, gerade, sogar,*
   > *insbesondere, vielleicht, sicher, bestimmt, durchaus,*
   > *keineswegs, nicht …*

Negationsadverb
→ Seite 174

2. temporale Adverbien (Adverbien der Zeit).
   Frage: *Wann …? Wie lange …? Wie oft …?*

   > *jetzt, nun, bald, dann, schon, endlich, vorhin, nachher,*
   > *damals, wieder, heute, montags, morgen, morgens,*
   > *abends, vorher, bisher, demnächst, spätestens,*
   > *inzwischen, schließlich, erst, nie, niemals, immer, oft …*

3. lokale Adverbien (Adverbien des Ortes).
   Frage: *Wo …? Wohin …? Woher …?*

   > *da, dort, oben, unten, vorn, hinten, links, rechts,*
   > *draußen, überall, nirgends, dorthin, umher, fort,*
   > *hier, hierher …*

4. kausale Adverbien (Begründungsadverbien).
   Frage: *Warum …? Weshalb …?*

   > *darum, deshalb, daher, folglich, also, demnach, sonst,*
   > *dadurch, damit, notfalls, andernfalls, trotzdem,*
   > *dennoch …*

Steigerung
45/4

Einige Adverbien können gesteigert werden.
Der Komparativ endet auf *-er*.
Der Superlativ wird gebildet mit *am* und der Endung *-sten*.

Positiv	Komparativ	Superlativ
gern ↗	*lieber* ↗	*am liebsten*
bald ↗	*eher* ↗	*am ehesten*
viel ↗	*mehr* ↗	*am meisten*

Fortsetzung
→ nächste Seite

Einige Adverbien bilden den Superlativ mit der Endung *-st*.

> *möglichst bald*
> *Ich möchte höflichst darum bitten.*

Einige Adverbien bilden den Superlativ mit der Endung *-stens*.

Steigerung der
Adjektive
→ Seite 66

> *schnellstens liefern*
> *höchstens bis Freitag*

45/5　**Adjektiv / Adverb**

Im Deutschen kann jedes Adjektiv auch als Adverb gebraucht werden, ohne dass das durch eine charakteristische Endung angezeigt würde.

*der **klare** Aufsatz*	(*klar* bezieht sich auf *Aufsatz*, *klar* ist ein Adjektiv.)
*Lisa drückt sich **klar** aus.*	(*klar* bezieht sich auf *ausdrücken*; es wird als Adverb gebraucht.)
*die **gute** Zensur*	(*gut* bezieht sich auf *Zensur*; *gut* ist Adjektiv.)
*Lisa kann **gut** Aufsätze schreiben.*	(*gut* bezieht sich auf *schreiben*; es wird als Adverb gebraucht.)

Adjektivadverbien
→ Seite 63

In den Fremdsprachen (Englisch, Französisch, Latein) ist das nicht möglich! Dort sind Adjektive und Adverbien unterschiedliche Wörter oder werden zumindest durch eine Endung (Suffix) unterschieden.

	Adjektiv	Adverb
Englisch:	*clear*	*clearly*
	careful	*carefully*
Französisch:	*clair*	*clairement*
	prudent	*prudemment*
Lateinisch:	*clarus*	*clare*
	prudens	*prudenter*

45/6　**Frageadverbien**

Interrogativ-
pronomen
→ Seite 46

Frageadverbien sind *Wie ...? Wann ...? Wo ...? Wohin ...? Wovon ...? Woran ...? Worum ...? Wodurch ...? Warum ...?*
Sie leiten Ergänzungsfragen ein.

Ergänzungsfragen
→ Seite 173

> ***Wann** ist das passiert?*
> ***Warum** erfahre ich das erst jetzt?*

– Der Plural von „Partikel" heißt: *die Partikeln*. Die Partikeln sind unveränderliche Wörter.
– Der Plural von „Adverb" heißt *Adverbien*. Das deutsche Wort für „Adverb" ist *Umstandswort*.

Unterscheidung: Adjektiv / Adverb

Der Geist einer Sprache offenbart sich am deutlichsten in ihren unübersetzbaren Worten.
MARIE VON EBNER-ESCHENBACH

am deutlichsten (Adverb)
unübersetzbar (Adjektiv)

Der Vorteil der Klugheit besteht darin, dass man sich dumm stellen kann. Das Gegenteil ist schon schwerer.
KURT TUCHOLSKY

dumm (Adverb)
schwerer (Adjektiv)

Einseitig (rechts) verengte Fahrbahn

einseitig (Adverb)
verengte (Adjektiv)

Suche dringend Englischlehrer für absoluten Anfänger.

dringend (Adverb)
absolut (Adjektiv)

Unser Super-Angebot:
Frisch gebackene große Waffel italienisches Eis

frisch (Adverb)
gebackene (Adjektiv)
große (Adjektiv)
italienisches (Adjektiv)

121

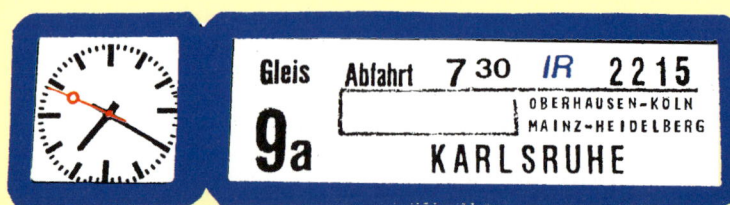

*Der InterRegio fährt **um** 7.30 Uhr **ab, von** Gleis 9 a, **nach** Karlsruhe,*
***über** Oberhausen, Köln, Mainz, Heidelberg.*

46/1 Was ist eine Präposition?

Adverbial →
Seite 144

Präpositionen stehen innerhalb eines Satzgliedes, meist am Anfang eines
Adverbials, eines präpositionalen Objekts oder eines Attributs.

Auf dem Bahnsteig *stehen viele Leute.*
Adverbial

Präpositionales
Objekt
→ Seite 142

*Sie warten **auf** den Zug.*
präp. Objekt

Attribut
→ Seite 152

*Der Zug **nach** Karlsruhe hat Verspätung.*
Attribut

46/2 Stellung

Die meisten Präpositionen stehen *vor* ihrem Beziehungswort.

um *7.30 Uhr*
von *Gleis 9 a*
bis *nach Köln*
über *Oberhausen*
bis *zu 10 Minuten*

Sehr selten steht die Präposition hinter ihrem Beziehungswort.

*der Mutter **zuliebe***
*der Ordnung **halber***

Einige Präpositionen umklammern ihr Beziehungswort.

von *heute* **an**
nach *Norden* **hin**

Verschmelzung mit Artikel
46/3

Einige Präpositionen können mit dem bestimmten Artikel zusammen-
gezogen (verschmolzen) werden.
ans (= an das), ins (= in das), am (= an dem), beim (= bei dem),
im (= in dem), vom (= von dem), zum (= zu dem), zur (= zu der) …

Bestimmter Artikel
→ Seite 38

> **zur** *Bahn fahren*
> **im** *Stau stecken*
> **zum** *Arzt gehen*

Einteilung
46/4

Präpositionen kann man nach ihrer Bedeutung einteilen. Sie drücken aus:

– lokale (örtliche) Verhältnisse
  ab, an, auf, aus, bei, durch, gegen, hinter, in, jenseits,
  mit, nach, neben, über, unter, von, vor, zu …

– temporale (zeitliche) Verhältnisse
  ab, bis, seit, um, während …

– modale Verhältnisse (Art und Weise)
  außer, für, gemäß, mit, ohne, zu …

– kausale Verhältnisse (Grund)
  wegen, dank, trotz, um – willen, zwecks …

Adjektiv/Verb + Präposition
46/5

Einige Adjektive und Verben werden immer zusammen mit einer bestimm-
ten Präposition gebraucht.
Die Präposition hat dann keine inhaltliche Bedeutung. Sie verknüpft nur
Adjektiv und Objekt, Verb und Objekt.

Präpositionales
Objekt
→ Seite 142

Adjektive	Verben
froh **über**	*denken* **an**
zufrieden **mit**	*sich ärgern* **über**
stolz **auf**	*warten* **auf**
besorgt **über**	*warnen* **vor**
verliebt **in**	*sich ängstigen* **vor**
dankbar **für**	*lachen* **über**
	diskutieren **über**

Kasus des Bezugswortes

Die meisten Präpositionen verlangen, dass ihr Beziehungswort in einem bestimmten Kasus steht: Genitiv, Dativ, Akkusativ (nie Nominativ).

Genitiv
→ Seite 32

– Präpositionen + Genitiv:
außerhalb, dank, diesseits, infolge, inmitten, jenseits, kraft, oberhalb, seitens, um – willen, ungeachtet, unterhalb, unweit, zugunsten …

> **außerhalb des** *Bahnhofs*
> **inmitten der** *Leute*
> **infolge des** *Unfalls*
> **ungeachtet aller** *Schwierigkeiten*
> **dank der** *großzügigen Hilfe*

– Präpositionen + Genitiv (oder umgangssprachlich + Dativ):
laut, mittels, statt, trotz, während, wegen …

> **während des** *Fußballspiels*
> *(während* **dem** *Fußballspiel)*
> **wegen des** *Schiedsrichters*
> *(wegen* **dem** *Schiedsrichter)*

Dativ
→ Seite 33

– Präpositionen + Dativ:
ab, aus, bei, entgegen, gegenüber, gemäß, mit, nach, seit, von, zu, zuliebe …

> **seit dem** *frühen Morgen*
> **mit dem** *Auto*
> **aus dem** *Hause gehen*
> **nach dem** *Frühstück*
> **von mir**

Akkusativ
→ Seite 33

– Präpositionen + Akkusativ:
bis, durch, für, gegen, ohne, um, wider …

> **durch den** *dichten Verkehr*
> **für meine** *Mutter*
> **ohne den** *Brief*
> **um das** *Haus*
> **gegen den** *Pfosten*

– Präpositionen + Dativ oder Akkusativ:
an, auf, hinter, in, neben, über, unter, vor, zwischen

Wenn sie eine Lage bezeichnen (Frage: *Wo …?*),
verlangen sie den Dativ:
> **auf dem** *Bahnsteig stehen*
> **in dem** *Wagen sitzen*

Wenn sie eine Richtung bezeichnen (Frage: *Wohin …?*),
verlangen sie den Akkusativ:
> **auf den** *Bahnsteig gehen*
> **in den** *Wagen einsteigen*

Begriffliche Klärungen ———————————————— **46/7**

Das deutsche Wort für „Präposition" ist *Verhältniswort.*

Alles verstanden?

> *Wer mit mir reden will, der darf nicht nur seine eigene Meinung hören wollen.*
> WILHELM RAABE

> *Jede intelligente Frau hat Millionen von Feinden: alle dummen Männer.*
> MARIE VON EBNER-ESCHENBACH

> *Das große Karthago führte drei Kriege. Es war noch mächtig nach dem ersten, noch bewohnbar nach dem zweiten. Es war nicht mehr auffindbar nach dem dritten.*
> BERTOLT BRECHT

KOMM MIT!
SPENDE
BLUT
BEIM ROTEN KREUZ

*Das Verkehrsschild zeigt die Auto-bahnauffahrten nach Düsseldorf **und** nach Köln an.*
*Man kann Richtung Köln **oder** Richtung Düsseldorf fahren.*
*„Du musst Richtung Köln fahren, **wenn** du nach Siegburg willst."*

47/1   **Gebrauch**

Konjunktionen verbinden Satzglieder und Sätze.
– Satzglieder:

> *die Autobahnauffahrten **nach Düsseldorf** und **nach Köln***
> (Die Konjunktion *und* verbindet zwei Attribute.)
> ***Richtung Köln** oder **Richtung Düsseldorf***
> (Die Konjunktion *oder* verbindet zwei Adverbiale.)

Satzglieder (Satzteile)
→ Seite 133

– Sätze:

> *„**Du musst Richtung Köln fahren**, wenn **du nach Siegburg willst**."*
> (Die Konjunktion *wenn* verbindet Hauptsatz und Gliedsatz.)
> ***Mein Vater biegt Richtung Köln ab**, weil **er nach Siegburg will**.*
> (Die Konjunktion *weil* verbindet Hauptsatz und Gliedsatz.)

Gliedsatz
(Nebensatz)
→ Seite 162

47/2   **Arten**

Es gibt zwei Arten von „echten" Konjunktionen:
– nebenordnende Konjunktionen (koordinierende Konjunktionen):

> *und, oder, aber, sondern, denn, jedoch …*
> – mehrteilige Konjunktionen:
> *sowohl – als auch, entweder – oder, einerseits – andererseits …*

Komma vor „und"
→ Seite 128, 181

– unterordnende Konjunktionen (subordinierende Konjunktionen):

> *dass, weil, als, bevor, sobald, während, bis, ehe, wenn, falls, obwohl, obgleich, indem, damit …*
> – zusammengesetzte Konjunktionen:
> *als dass, sodass, anstatt dass, ohne dass, als ob, als wenn, je – desto …*

Von den „echten" Konjunktionen werden die „Konjunktionaladverbien" unterschieden, die Hauptsätze verbinden.

Adverb
→ Seite 118

(Nach den Konjunktionaladverbien werden im Hauptsatz Subjekt und Prädikat umgestellt.)

Inversion
→ Seite 137

> *deshalb, trotzdem, daher, doch, folglich, nämlich, deswegen, demnach, sonst, außerdem …*
>
> *…* ***deshalb*** *biegen wir jetzt ab.*　(Nicht: *deshalb w̶i̶r̶ b̶i̶e̶g̶e̶n̶ ab.*)

Konjunktion, Präposition　**47/3**

bis, während, seit können als Konjunktion und auch als Präposition gebraucht werden.

Präpositionen
→ Seite 122

> ***Bis*** *zur Autobahnauffahrt …*　　　　(*bis* ist Präposition)
> *…* ***bis*** *wir zur Autobahnauffahrt kamen.* (*bis* ist Konjunktion)
> *…* ***während*** *der Ferien …*　　　　(*während* ist Präposition)
> *…* ***während*** *wir auf Mallorca waren.*　(*während* ist Konjunktion)

In den Fremdsprachen sind Konjunktion und Präposition *zwei* Wörter:

> z. B. Französisch: *pendant* (Präposition), *pendant que* (Konjunktion)
> 　　　Englisch: *during* (Präposition), *while* (Konjunktion)

---

dass, das　**47/4**

Im Deutschen unterscheiden wir *dass* (Konjunktion) und *das* (Artikel/Demonstrativpronomen/Relativpronomen).

Artikel
→ Seite 38

> *Ich wusste,* ***dass*** *wir hier abbiegen mussten.*　(dass = **Konjunktion**)

Demonstrativpronomen
→ Seite 42

> ***Das*** *Verkehrsschild steht neben der Ausfahrt.*　(das = **Artikel**)
> ***Das*** *war mir durchaus klar.*　(das = **Demonstrativpronomen**)
> *Ein Ereignis, an* ***das*** *ich mich oft erinnere,*
> *fand vor Jahren in Stuttgart statt.*　(das = **Relativpronomen**)

Relativpronomen
→ Seite 54

47/5 Komma vor „und"

> **Kein** Komma steht vor *und*,
> wenn *und* Satzglieder verbindet.
> > *Mutter **und** Tochter*
> > *Ich kam, sah **und** siegte.*

> **Kein** Komma braucht zu stehen,
> wenn *und* Hauptsätze verbindet.
> > *Stephanie war krank**(,) und** Lisa fehlte auch.*
> > *Meine Mutter wollte in Köln einkaufen**(,) und** mein Vater fuhr mit.*
> > *Wirst du morgen kommen**(,) und** bringst du deinen Bruder mit?*

> Jedoch steht ein Komma vor *und*
> nach einem eingeschobenen Satz.
> > *Stephanie war krank,*
> > ***als über den Ausflug gesprochen wurde, und*** *konnte auch nicht mitkommen.*
> >
> > *Meine Mutter war froh,*
> > ***passende Schuhe zu finden, und*** *zog sie gleich an.*

Diese Regeln gelten seit der Rechtschreibreform von 1996.

47/6 Begriffliche Klärungen

Das deutsche Wort für „Konjunktion" ist *Bindewort*.

Alles verstanden?

Der Mensch ist das einzige Lebewesen, das weiß, dass es sterben wird. Die Verdrängung dieses Wissens ist das einzige Drama des Menschen.

FRIEDRICH DÜRRENMATT

Man wird nicht dadurch gut, dass man milde zu anderen ist, sondern dadurch, dass man streng zu sich selbst ist.

MORITZ HEIMANN

Gebrauch

Interjektionen haben verschiedene Aufgaben:

– Sie ahmen Laute und Geräusche nach.

wau wau	(Bellen des Hundes)
miau	(Schreien der Katze)
kikeriki	(Schrei des Hahns)
tatü tata	(Signal der Feuerwehr)

– Sie drücken Empfindungen aus.

au, aua	(plötzlicher Schmerz)
pfui	(Ekel)
wow	(Bewunderung)
ätsch	(Spott)
nanu	(Verwunderung)

– Sie drücken Aufforderungen aus.

hallo	(Hör her! Sieh hier!)
dalli dalli	(Mach schnell!)
pst	(Sei still!)
hau ruck	(Kommando für gemeinsame Anstrengung)
basta	(Genug!)

48/2 **Interjektion / Verb**

Die Interjektionen sind unveränderlich. Man darf sie nicht mit gleich lauten-
den Verben oder Nomen/Substantiven verwechseln:

*Die Katze **miaute** aufgeregt.* (Verb, konjugierbar)

*Das **Miauen** der Katze war weit zu hören.* (nominalisiertes/substanti-
viertes Verb, deklinierbar)

*Die Katze schrie kläglich „**miau!**" hinter der Tür.* (Interjektion, mit Aus-
rufezeichen)

*Das laute **Miau** weckte mich.* (nominalisierte/substantivierte Interjek-
tion)

Ebenso: *„**muh!**" – aber „muhen, das Muhen"; „**quak!**" – aber „qua-
ken, das Quaken …".*

48/3 **Kommentarwörter**

Kommentarwörter sind verkürzte Verbformen, die häufig im Comic vor-
kommen und Hörbares ausdrücken, das nicht gezeichnet werden kann.

ächz (ächzen), *mampf* (mampfen), *würg* (würgen) …

48/4 **Begriffliche Klärungen** ─────────────────────

Das deutsche Wort für „Interjektion" ist *Ausrufewort* oder *Empfindungswort*.

Der Satz

Satzgliedproben Subjekt Subjektsatz
Prädikat Prädikativ Objekt Objektsatz
Adverbial Adverbialsätze Attribut
Attributsatz Relativsatz Infinitivsatz
Hauptsatz Nebensatz Gliedsatz Satz-
reihe Satzgefüge direkte Rede indirekte
Rede Frage verneinter Satz Satz-
schlusszeichen Punkt Fragezeichen
Ausrufezeichen Komma Semikolon

*Am Sonntag
hat mein Bruder
Geburtstag.*

Wörter und Satzglieder: Es kommt vor, dass *ein einzelnes* Wort auch *ein* Satzglied ist; oft besteht *ein* Satzglied aber aus *mehreren* Wörtern.
Was man unter einem *Satzglied* zu verstehen hat, kann man durch die „Satzgliedproben" erkennen.

49/1 **Verschiebeprobe**

Am einfachsten zu verstehen ist die Verschiebeprobe.

Am Sonntag   *hat*   *mein Bruder*   *Geburtstag.*

Mein Bruder   *hat*   *am Sonntag*   *Geburtstag.*

Geburtstag   *hat*   *mein Bruder*   *am Sonntag.*

Hat   *mein Bruder*   *am Sonntag*   *Geburtstag?*

Dieser Satz besteht aus vier Satzgliedern:	Die Satzglieder bestehen aus
am Sonntag	zwei Wörtern
hat	einem Wort
mein Bruder	zwei Wörtern
Geburtstag	einem Wort

Ersatzprobe 49/2

Satzglieder, die aus mehreren Wörtern bestehen, müssen durch ein Wort
ersetzbar sein.

Am Sonntag   *hat*   *mein Bruder*   *Geburtstag.*

Dann   *er*

Attribute 49/3

Den Satz *Am Sonntag hat mein Bruder Geburtstag* könnte man erweitern:

Am **nächsten** Sonntag

hat

mein **kleiner** Bruder **Chris**

seinen 4. Geburtstag.

Die Erweiterungen kann man *nur gemeinsam* mit den anderen Wörtern ver-
schieben. Die Erweiterungen sind *keine selbstständigen* Satzteile. Sie heißen
Beifügungen (Attribute).

Attribute geben genauere Auskünfte:

Attribut
→ Seite 152

An welchem Sonntag?	am **nächsten** Sonntag
Welcher Bruder?	mein **kleiner** Bruder **Chris**
Welcher Geburtstag?	**seinen 4.** Geburtstag

Wenn man die Attribute weglässt, ist der Satz zwar weniger informativ, aber
immer noch richtig und verständlich.

Die vier Satzglieder 49/4

Die vier Satzglieder sind:

Subjekt (→ Seite 134)

Prädikat (→ Seite 136)

Objekt (→ Seite 140)

Adverbial (→ Seite 144)

Das *Attribut* ist kein selbstständiges Satzglied.

Begriffliche Klärungen 49/5

- Statt „Verschiebeprobe" wird auch der Begriff *Umstellprobe* verwendet.
- Statt „Satzglied" sagte man früher auch *Satzteil*.
- Das Teilgebiet der Grammatik, das sich mit dem Bau des Satzes befasst, nennt man
  (die) Syntax. Das deutsche Wort für „Syntax" ist *Satzlehre*.

Der deutsche Kanu-Vierer siegte bei den Olympischen Spielen.
Thomas Reineck, Mark Zabel, Olaf Winter und Detlef Hofmann jubeln
über die Goldmedaille.

50/1   **Bestimmung des Subjekts**

Nominativ
→ Seite 32

Das Subjekt steht immer im Nominativ.
Nach dem Subjekt fragt man: *Wer oder was …?*

> *Der deutsche Kanu-Vierer siegte bei den Olympischen Spielen.*
> > *– Wer oder was siegte bei den Olympischen Spielen?*
> > **Der deutsche Kanu-Vierer.**
> *Thomas Reineck, Mark Zabel, Olaf Winter und*
> *Detlef Hofmann jubeln über die Goldmedaille.*
> > *– Wer oder was jubelt über die Goldmedaille?*
> > **Thomas Reineck, Mark Zabel, Olaf Winter, Detlef Hofmann**

Subjekt kann sein:
– Name:
> **Thomas Reineck, Mark Zabel, Olaf Winter und**
> **Detlef Hofmann** *jubeln über die Goldmedaille.*

– Nomen/Substantiv:
> **Der Kanu-Vierer** *siegte.*
> **Die Sportler** *jubeln.*

– Pronomen:
> **Sie** *jubeln über die Goldmedaille.*

Wörter, die als
Nomen/Substantiv
gebraucht werden
→ Seite 26

Alle anderen Wörter, wenn sie als Nomen/Substantiv gebraucht werden:
– Numerale:
> **Alle** *jubeln über die Goldmedaille.*

Infinitivsatz
→ Seite 160

– Infinitivsatz:
> **Zu gewinnen** *ist der Traum aller Sportler.*

Im Deutschen *kann* das Subjekt am Anfang des Satzes stehen. Das ist aber nicht zwingend notwendig. Es kann auch mitten im Satz oder am Satzende stehen.

> ***Thomas Reineck*** *jubelt über die Goldmedaille.*
> *Über die Goldmedaille jubelt auch* ***Mark Zabel.***

Beim Imperativ wird das Subjekt nicht genannt, außer bei der Höflichkeitsform.

> *Komm!*   *Kommen* ***Sie!***
> *Kommt!*

Imperativ
→ Seite 110

Nicht nur einzelne Wörter können „Subjekt" sein, sondern auch ganze Sätze. Diese Sätze heißen *Subjektsätze*.

> *Früh übten sich* ***Thomas, Mark, Olaf und Detlef.***
>   (Subjekt)

> *Früh übt sich,* ***wer ein Meister werden will.***
>   (Subjektsatz)

> ***Ihre Freude*** *ist offensichtlich.*
>   (Subjekt)

> ***Dass sie sich freuen,*** *ist offensichtlich.*
>   (Subjektsatz)

Das deutsche Wort für „Subjekt" ist *Satzgegenstand.*

Alles verstanden?

> *Wer mit dem Strom schwimmt, erreicht die Quelle nie.*
> PETER TILLE

> *Wer immer die Wahrheit sagt, kann sich ein schlechtes Gedächtnis leisten.* THEODOR HEUSS

Lenkdrachen

*Norderney. Ein abstürzender Lenkdrachen **hat** einen Kurgast am Strand von Norderney im Gesicht **verletzt**. Der Mann **musste** ärztlich **behandelt** **werden**. Die Polizei **weist** nachdrücklich darauf **hin**, dass an Badestränden das Auflassen von Lenkdrachen **verboten** ist.*

51/1 Bestimmung des Prädikats

Das Prädikat ist immer eine Personalform des Verbs.
Meist kann man nach dem Prädikat fragen: *Was tut …? Was geschieht …?*

Ein Lenkdrachen – **hat verletzt.** (Was tat der Lenkdrachen?)
Der Mann – **musste behandelt werden.**
(Was geschah mit dem Mann?)
Die Polizei – **weist hin.** (Was tut die Polizei?)

51/2 Mehrteilige Prädikate

Das Prädikat kann aus *mehreren* Teilen bestehen.
– Personalform + Partizip

Personalform
→ Seite 84

*Ein Lenkdrachen **hat** einen Kurgast im Gesicht **verletzt.**

Partizip
→ Seite 80, 82

*Der Mann **wurde** ins Krankenhaus **gebracht.***

– Personalform + Infinitiv

Infinitiv
→ Seite 78

*Der Mann **musste** ärztlich **behandelt werden.***

*Er **konnte** noch am selben Tag das Krankenhaus **verlassen.***

– Personalform + Verbzusatz (trennbare Vorsilbe)

*Die Polizei **weist** darauf **hin** …* (hin-weisen)

*Der Mann **zeigte** den Besitzer des Lenkdrachens*

*wegen Körperverletzung **an.*** (an-zeigen)

Wenn die beiden Teile des Prädikats durch andere Satzglieder getrennt sind, nennt man das *Satzklammer*.

Übereinstimmung (Kongruenz) von Subjekt und Prädikat   **51/3**

Subjekt und Prädikat stimmen in Person und Numerus überein.
(Der Fachausdruck dafür heißt *Kongruenz.*)

> *Der Mann*   ↔   *musste …*
> *Die Kurgäste* ↔   *mussten …*

Person
→ Seite 84

Numerus
→ Seite 84

Inversion   **51/4**

Im Deutschen müssen die Personalform des Prädikats und das Subjekt
umgestellt werden, wenn der Satz durch ein anderes Satzglied (Prädikativ,
Objekt, Adverbial) eingeleitet wird.
Das Subjekt steht an 1. Stelle:

> *Ein Lenkdrachen verletzte einen Kurgast am Strand von Norderney.*
> Subjekt ———→ Prädikat

Der Satz wird durch ein anderes Satzglied eingeleitet:

> *Am Strand*   ***verletzte***   ***ein Lenkdrachen*** *einen Kurgast.*
>   Prädikat —→ Subjekt

Prädikativ
→ Seite 138

Objekt
→ Seite 140

Adverbial
→ Seite 144

Ebenso:

> *Die Polizei*   ***weist***   *nachdrücklich darauf hin …*
> Subjekt —→ Prädikat

> *Nachdrücklich* ***weist***   ***die Polizei*** *darauf hin …*
>   Prädikat —→ Subjekt

> ***Das Auflassen*** *von Lenkdrachen* ***ist***   *an Badestränden verboten.*
> Subjekt————————————→ Prädikat

> *An Badeständen* ***ist***   ***das Auflassen*** *von Lenkdrachen verboten.*
>   Prädikat —→ Subjekt

Diese für die deutsche Sprache typische Umstellung von Subjekt und Prädi-
kat (erst steht das Prädikat, dann das Subjekt) heißt *Inversion*.

Begriffliche Klärungen   **51/5**

- Das deutsche Wort für „Prädikat" ist *Satzaussage*.
- Ein anderes Wort für „Satzklammer" ist *Satzrahmen*.
- Statt „Satzklammer" sagt man auch *Verbklammer*.

> *Grundgesetz der Bundesrepublik Deutschland*
> *Artikel 3*
> *[Gleichheit vor dem Gesetz]*
> *(1) Alle Menschen **sind** vor dem Gesetz **gleich**.*
> *(2) Männer und Frauen **sind gleichberechtigt**.*

52/1 Was ist ein Prädikativ?

Das Prädikat kann aus den Verben *sein, werden, bleiben, heißen, scheinen* und einem *Prädikativ* bestehen.
Das Prädikativ kann sein
– ein Nomen/Substantiv im Nominativ*:
> *Wir sind deutsche **Staatsbürger**.*
> *Viele Ausländer werden **Deutsche**.*
– ein Pronomen:
> *Wer bist **du**?*
– ein Adjektiv:
> *Alle sind **gleichberechtigt**.*
Infinitiv → Seite 78
– ein Infinitiv:
> *Das ist **anzunehmen**.*
Adverb → Seite 118
– ein Adverb:
> *Die Sache ist ganz **anders**.*
Numerale → Seite 58
– ein Numerale:
> *Wir sind nur **zwei**.*

*Ein Nomen/Substantiv als Prädikativ heißt *Prädikatsnomen* (oder: *Gleichsetzungsnominativ, prädikativer Nominativ*.)

52/2 Prädikativsatz

Das Prädikativ kann auch ein Satz sein. Man nennt ihn *Prädikativsatz*.
> *Michael ist, **was man einen Streber nennt**.*
> *Sein Zeugnis war, **wie er es sich wünschte**.*

Unterscheidung von Subjekt und Prädikativ

Sowohl das Subjekt als auch das Prädikativ stehen im *Nominativ*.

Subjekt
→ Seite 134

Das Prädikativ erkennt man an dem vorangehenden Verb. Meist ist es eine Form von *sein* oder *werden*. (Möglich sind auch *bleiben, heißen, scheinen*.)

Anpassung ist die Stärke der Schwachen. WOLFGANG HECHT	*Anpassung:* Subjekt *Stärke:* Prädikativ
Der Hass der Größe gegen die Kleinheit ist der Ekel; der Hass der Kleinheit gegen die Größe der Neid. ARTHUR SCHNITZLER	*Hass:* Prädikativ *Ekel:* Subjekt *Hass:* Prädikativ *Neid:* Subjekt
Gleichgültigkeit ist die mildeste Form der Intoleranz. KARL JASPERS	*Gleichgültigkeit:* Subjekt *Form:* Prädikativ
Geteilte Freude ist doppelte Freude. CHRISTOPH AUGUST TIEDGE	*Geteilte Freude:* Subjekt *doppelte Freude:* Prädikativ
Glücklich machen ist das höchste Glück. THEODOR FONTANE	*Glücklich machen:* Subjekt *Glück:* Prädikativ

> Karola Baumann aus Düsseldorf
> kann sich **mit Pferden** unterhalten.
> Wochenlang studierte sie
> **die „Ohrensprache"** der Pferde und
> entwickelte **ein Kunststoffstirnband**,
> das **die Ohren** mechanisch verstellen
> kann. Die Verständigung macht **der**
> **Reiterin und den Pferden** Spaß.
> Man sieht **es**.

53/1 Bestimmung der Objekte

Das Objekt drückt aus, auf wen oder was die Handlung des Satzes zielt. Objekte stehen im Akkusativ, Dativ, selten auch im Genitiv.

Subjekt		Objekt	
Karola Baumann	kann sich	**mit Pferden** *präpositionales* *Dativobjekt*	unterhalten.
Sie	studierte	**die „Ohrensprache"** *Akkusativobjekt*	der Pferde
	und entwickelte	**ein Stirnband,** *Akkusativobjekt*	
das		**die Ohren** *Akkusativobjekt*	verstellen kann.
Die Verständigung	macht und	**der Reiterin** **den Pferden** *Dativobjekte* **Spaß.** *Akkusativobjekt*	
Man	sieht	**es.** *Akkusativobjekt*	

Objekt kann sein:
– Name:
    *Ich kenne **Karola Baumann**.*

– Nomen/Substantiv:
> *Wir sprachen mit der **Reiterin**.*
– Pronomen:
> *Ich kenne **sie**.*
> *Wir sprachen mit **ihr**.*
– Infinitiv:
> *Sie fing an **zu erzählen**.*
– Satz (Objektsatz):
> *Sie sagte, **dass sie mit Pferden „sprechen" könne**.*

Akkusativobjekt   **53/2**

Am häufigsten sind Akkusativobjekte.
Nach dem Akkusativobjekt fragt man: *Wen oder was …?*
> *Sie studierte **die „Ohrensprache"** der Pferde.*
>> *(**Wen oder was** studierte sie?)*
> *Das Stirnband kann **die Ohren** verstellen.*
>> *(**Wen oder was** kann das Stirnband verstellen?)*

Akkusativ
→ Seite 33

Verben, denen ein Akkusativobjekt folgt, sind zum Beispiel:
beißen, bekommen, benutzen, bestrafen, bewundern, ehren, empfangen, erwarten, fangen, fühlen, leiten, lieben, loben, kennen, prüfen, retten, schlagen, stoßen, suchen, verachten, verdienen, werfen, zerstören …

Verben, die ein Akkusativobjekt bei sich haben können, heißen *transitive Verben*. – Verben, die *kein* Akkusativobjekt bei sich haben können, heißen *intransitive Verben*.

> *Verena arbeitet.*   (Kein Objekt)   } intransitive Verben
> *Verena hilft **ihrer Freundin**.*   (Dativobjekt)

Dativobjekt   **53/3**

Nach dem Dativobjekt fragt man: *Wem …?*
> *Die Verständigung macht **der Reiterin** Spaß.*
>> *(**Wem** macht die Verständigung Spaß?)*
> *Das Pferd gehorcht **der Reiterin** „aufs Wort".*
>> *(**Wem** gehorcht das Pferd „aufs Wort"?)*

Dativ
→ Seite 33

Verben, denen ein Dativobjekt folgt, sind zum Beispiel:
ähneln, antworten, ausweichen, begegnen, befehlen, danken, drohen, folgen, gefallen, gehorchen, gehören, glauben, gleichen, helfen, nützen, schaden …

Fortsetzung
→ nächste Seite

53/4 | **Genitivobjekt**

Genitiv
→ Seite 32

Genitivobjekte kommen im heutigen Deutsch nur noch *selten* vor.
Nach dem Genitivobjekt fragt man: *Wessen …?*

> *Ich bin mir **der Schwierigkeiten** wohl bewusst.*
>> *(**Wessen** bin ich mir wohl bewusst?)*
> *Einige haben sich **der Stimme** enthalten.*
>> *(**Wessen** haben sie sich enthalten?)*
> *Der Patient bedarf noch **der Ruhe**.*
>> *(**Wessen** bedarf der Patient noch?)*

53/5 | **Präpositionalobjekt**

Präpositionalobjekte sind Objekte im Dativ oder Akkusativ, denen eine Präposition vorausgeht.

Präposition
→ Seite 122

Nach Präpositionalobjekten fragt man:

Präposition + wem …? (präpositionales Dativobjekt)

> *Sie kann sich **mit Pferden** unterhalten.*
>> *(**Mit wem** kann sie sich unterhalten?)*

Präposition + wen oder was …? (präpositionales Akkusativobjekt)

> *Sie hofft **auf ein besseres Verstehen** der Tiere.*
>> *(**Auf wen oder was** hofft sie?)*

Verben, denen ein Präpositionalobjekt folgt, sind zum Beispiel:
absehen von, achten auf, anknüpfen an, sich bedanken für, sich besinnen auf, denken an, diskutieren über, sich erinnern an, fahnden nach, fragen nach, sich freuen über, sich fürchten vor, glauben an, hoffen auf, klagen über, sich kümmern um, lachen über, streben nach, warten auf …

53/6 | **Stellung mehrerer Objekte**

Üblicherweise stehen im Deutschen die Objekte in einer bestimmten Reihenfolge:

Das Dativobjekt steht vor dem Akkusativobjekt, wenn beide Objekte Nomen/Substantive sind.

> *Sie gibt **dem Pferd**   **ein Stück Zucker**.*
>> Dativobjekt ⟶ Akkusativobjekt

Das Pronomen steht vor dem Nomen/Substantiv.

> *Sie gibt **es**   **dem Pferd**.*
> *Sie gibt **ihm**   **das Stück Zucker**.*
>> Pronomen ⟶ Nomen/Substantiv

Bei zwei Objektpronomen steht das Akkusativobjekt vor dem Dativobjekt.

> *Sie gibt **es**   **ihm.***
>> Akk.-Objekt ——➤ Dat.-Objekt

Objekt / Adverbial   **53/7**

Wie kann man ein präpositionales Objekt von einem Adverbial unterscheiden? Nach dem Objekt fragt man: *Präp. + wem?* oder *Präp. + wen oder was?* Nach dem Adverbial fragt man jedoch mit einem Frageadverb.

Adverbial
→ Seite 144

Frageadverb
→ Seite 47

> *Karola Baumann kann **mit Pferden** sprechen.*
>> (Frage: ***Mit wem** kann Karola Baumann sprechen?*   Objekt
>> Antwort: *Karola Baumann kann mit **ihnen** sprechen.*)
> *Die Pferde können **mit den Ohren** sprechen.*   Adverbial
>> (Mögliche Frage: ***Womit** können Pferde sprechen? –*
>> Nicht: *Mit wem …?*)
> *Die Reiterin hat die Pferdesprache **mit viel Mühe** gelernt.*   Adverbial
>> (Mögliche Frage: ***Wie** hat die Reiterin die Pferde-*
>> *sprache gelernt? –* Nicht: *Mit wem …?*)

Objektsatz   **53/8**

Nicht nur einzelne Wörter können Objekt sein, sondern auch Sätze.
Diese Gliedsätze heißen *Objektsätze.*

> *Die Reiterin führte vor, **dass sie mit Pferden „sprechen" kann.***
>> (***Wen oder was** führte die Reiterin vor?*)
> *Sie kann verstehen, **was die Pferde ausdrücken wollen.***
>> (***Wen oder was** kann sie verstehen?*)

Auch die Gliedsätze, die die indirekte Rede und die indirekte Frage ausdrücken, sind Objektsätze.

Indirekte Rede
→ Seite 169

Indirekte Frage
→ Seite 173

> *Sie sagte, **dass sie die Pferdesprache wochenlang studiert habe.***
>> (***Wen oder was** sagte sie?*)
> *Ich möchte wissen, **ob ich die Pferdesprache auch lernen kann.***
>> (***Wen oder was** möchte ich wissen?*)

Begriffliche Klärungen ————————————————————— **53/9**

– Es kommt vor – z. B. in fremdsprachlichen Grammatiken –, dass das Akkusativobjekt auch *direktes Objekt* genannt wird.
– Das deutsche Wort für „Objekt" ist *Ergänzung.*

*„Olaf" ist der erste Heuler **in diesem Jahr.** Er wurde **am Donnerstag an der schleswig-holsteinischen Nordseeküste auf Sylt** gefunden. Das gerade erst mal zwei Tage alte Tier wird **jetzt in der Aufzuchtstation in Friedrichskoog alle drei Stunden mit Fischbrei und einem Milchgemisch** gefüttert. **Im Herbst** soll er ausgewildert werden.*

Bestimmung des Adverbials

Adverbiale geben nähere Umstände zu dem Sachverhalt an, der in einem Satz ausgedrückt wird.

> *„Olaf" ist der erste Heuler **in diesem Jahr.*** (Zeit)
> *Er wurde **am Donnerstag*** (Zeit)
> ***an der schleswig-holsteinischen Nordseeküste*** (Ort)
> ***auf Sylt** gefunden.* (Ort)
> *Das Tier wird **jetzt*** (Zeit)
> ***in der Aufzuchtstation*** (Ort) ***in Friedrichskoog*** (Ort)
> ***alle drei Stunden*** (Zeit)
> ***mit Fischbrei und einem Milchgemisch** gefüttert.* (Mittel)

Adverbiale können sein:

Adverb
→ Seite 118
– Adverb:
> ***jetzt, dann** …*

Adjektivadverbien
→ Seite 63
– Adjektiv-Adverb:
> *Der Heuler wird **gut** gefüttert.*
– Präposition + Nomen/Substantiv:
> ***in diesem Jahr, am Donnerstag, im Herbst** …*
– Wortgruppe im Genitiv:
> ***eines Morgens** …*
– Wortgruppe im Akkusativ:
> ***diesen Abend** …*
– Gliedsatz (→ Seite 146)

Einteilung der Adverbiale

Die wichtigsten Arten des Adverbials sind:

- Adverbial der Art und Weise (Modal)
  Frage: *Wie …? Auf welche Weise …? Wie sehr …?*
  *Der Heuler wird **gut** gefüttert.*
- Adverbial der Zeit (Temporal)
  Frage: *Wann …? Seit wann …? Wie lange …? Wie oft …?*
  *Das Tier wird **alle drei Stunden** gefüttert.*
- Adverbial des Ortes (Lokal)
  Frage: *Wo …? Wohin …? Woher …?*
  *Der Heuler wurde **auf Sylt** gefunden.*
  *Er kam **in die Aufzuchtstation**.*
- Adverbial des Grundes (Kausal)
  Frage: *Warum …? Weshalb …?*
  *Der Heuler kam **wegen seiner Schwäche** in die Aufzuchtstation.*
- Adverbial des Zwecks (Final)
  Frage: *Zu welchem Zweck …? Wozu …?*
  *Der Heuler kam **zum Mästen** in die Aufzuchtstation.*
- Adverbial der Bedingung (Konditional)
  Frage: *Unter welcher Bedingung …?*
  ***Bei guten Voraussetzungen** wird das Tier ausgewildert.*
- Adverbial der Einräumung (Konzessiv)
  Frage: *Trotz welchen Umstands?*
  ***Trotz des schlechten Wetters** …*
- Adverbial des Mittels (Instrumental)
  Frage: *Womit …? Wodurch …?*
  *Der Heuler wird **mit Fischbrei** gefüttert.*

Schreibung

Adverbiale Ausdrücke, die mit *im …* beginnen, schreibt man groß:
  ***im** Allgemeinen, **im** Besonderen, **im** Einzelnen, **im** Folgenden …*

Adverbiale Ausdrücke, die Tageszeiten bezeichnen, schreibt man groß:
  heute Abend, morgen Abend, gestern Abend, am Montagabend
Klein schreibt man die Adverbien *abends, morgens, mittags, nachmittags*.

Begriffliche Klärungen

Statt „das Adverbial" oder „das Adverbiale" sagt man auch *adverbiale Bestimmung* oder *Umstandsbestimmung*.

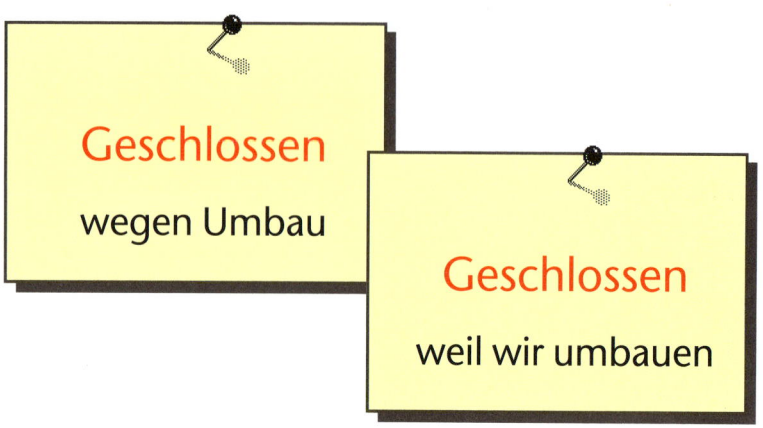

55/1 **Adverbial – Adverbialsatz**

Nicht nur einzelne Wörter, sondern auch ganze Sätze können Adverbiale sein. Diese Gliedsätze heißen *Adverbialsätze.*

Adverbial	Adverbialsatz
Geschlossen	*Geschlossen,*
wegen Umbau (Kausal)	*weil wir umbauen* (Kausalsatz)
Geöffnet	*Geöffnet,*
trotz Umbau (Konzessiv)	*obwohl wir umbauen* (Konzessivsatz)

Es gibt eine große Zahl von Adverbialsätzen. Sie werden im Folgenden aufgezählt und beschrieben.

55/2 **Modalsätze**

Modalsätze geben die Art und Weise an, die das Geschehen im Hauptsatz näher bestimmt. Modalsätze werden eingeleitet durch

Konjunktionen → Seite 126

indem, wie, (so) wie, (anders) als, ohne dass, als ob, (je) desto …

    Der Kaufmann vergrößert sein Geschäft, **indem** *er es umbauen lässt.*
    Der Umbau wird **(so)** *durchgeführt,* **wie** *er geplant war.*
    Je *größer die Verkaufsfläche wird,*
    desto *größer wird das Warenangebot.*

Modalsätze mit *ohne dass* werden gern durch *ohne zu + Infinitiv* ersetzt. Voraussetzung ist, dass Hauptsatz und Modalsatz das gleiche Subjekt haben.

    Der Dieb verschwand mit der Ware, ohne zu bezahlen.
    (… **ohne dass** *er bezahlte.)*

Temporalsätze

Temporalsätze geben die Zeit an, wann das Geschehen im Hauptsatz statt-
findet. – Temporalsätze werden eingeleitet durch
als, während, bis, bevor, ehe, nachdem, seitdem, sobald, wenn ...

> **Als** wir in der Jugendherberge ankamen, waren alle müde.
> Einige gingen in die Disko, **nachdem** sie sich ausgeruht hatten.

Bei den Temporalsätzen unterscheidet man *Gleichzeitigkeit, Vorzeitigkeit, Nachzeitigkeit.*
– Gleichzeitigkeit:

Vorzeitigkeit, Nach-
zeitigkeit
→ Seite 86

> **Als** wir in der Jugendherberge ankamen, **waren** alle müde.
> ① geschieht gleichzeitig mit ②

– Vorzeitigkeit:

> **Nachdem** sie sich ausgeruht hatten, **gingen** einige in die Disko.
> ① geschieht vor ②
> (Erst ruhten sie sich aus → dann gingen sie in die Disko.)

– Nachzeitigkeit:

> **Bevor** sie gegen Mitternacht zurückkamen, **hatten** sie viel Spaß.
> ① geschieht nach ②
> (Erst hatten sie viel Spaß.
> Dann kamen alle zurück.)

Lokalsätze

Lokalsätze geben den Ort oder die Richtung an. – Lokalsätze werden ein-
geleitet durch die Adverbien
wo, wohin, woher ...

Frageadverbien
→ Seite 47

> Die Jugendherberge ist dort, **wo** die großen Bäume stehen.
> „Nachmittags könnt ihr gehen, **wohin** ihr wollt."

Kausalsätze

Kausalsätze geben den Grund und die Ursache für das an, was im Hauptsatz
gesagt wird. – Kausalsätze werden eingeleitet durch
weil, da, zumal ...

> **Weil** wir den Nachmittag frei hatten und (**weil**) es sehr warm war,
> gingen wir ins Schwimmbad.

Denn leitet keinen Gliedsatz (Kausalsatz), sondern einen Hauptsatz ein.

Fortsetzung
→ nächste Seite

> Wir gingen schwimmen; **denn** es war sehr warm.

Konditionalsätze

Konditionalsätze geben die Bedingung an, die für das gilt, was im Hauptsatz ausgesagt wird. – Konditionalsätze werden eingeleitet durch
wenn, falls, unter der Bedingung – dass …
> *Wenn ich Zeit habe, komme ich zur Fete.*
> *Wenn du willst, gehen wir zusammen hin.*

● *Wenn* kann auch ein zeitliches Verhältnis ausdrücken. Dann kann man es ersetzen durch *dann … wenn.*
> *Wenn der Bus kommt, steigen wir ein.*
> *(= Dann, wenn der Bus kommt, steigen wir ein.)*

Drückt *wenn* eine Bedingung aus, kann man einsetzen:
unter der Bedingung, dass.
> *Wenn du willst, komme ich dich besuchen.*
> *(= Unter der Bedingung, dass du es willst, komme ich dich besuchen.)*

Oftmals sind beide Bedeutungen von *wenn* in einem Satz gleichzeitig vorhanden.

● Beim Konditionalsatz ist es möglich, die Konjunktion *wenn* wegzulassen. Die Personalform des Verbs steht dann an erster Stelle, am Satzanfang.

Inversion
→ Seite 137

> *Wenn du genug Geld hast, kannst du dir vieles kaufen.*
> *Hast du genug Geld, kannst du dir vieles kaufen.*
> *Wenn du auf mich gehört hättest, wäre das Unglück nicht passiert.*
> *Hättest du auf mich gehört, wäre das Unglück nicht passiert.*

● Man unterscheidet *reale* und *irreale* Konditionalsätze.
Bei realen Konditionalsätzen ist die Bedingung realisierbar, möglich.
Bei irrealen Konditionalsätzen ist die Bedingung nicht zu realisieren oder nicht realisiert worden.
> – Real:
> *Wenn du genug Geld hast, kannst du dir vieles kaufen.*
> (Das ist tatsächlich so.)
> *Wenn ich Zeit habe, gehe ich zur Fete.*
> (Das ist tatsächlich möglich.)

> – Irreal:
> *Wenn ich Geld genug hätte, könnte ich mir vieles kaufen.*
> (In Wirklichkeit habe ich nicht genug Geld.)
> *Wenn ich Zeit hätte, käme ich mit zur Fete.*
> (In Wirklichkeit habe ich aber keine Zeit.)
> *Wenn ich Zeit gehabt hätte, wäre ich mit zur Fete gekommen.*
> (In Wirklichkeit hatte ich aber keine Zeit.)

Konjunktiv II
→ Seite 106

Im irrealen Konditionalsatz steht der Konjunktiv II.

Finalsätze

Finalsätze drücken einen Zweck, eine Absicht aus, die mit dem im Hauptsatz
Gesagten verfolgt wird. – Finalsätze werden eingeleitet durch
damit, auf dass …

> *Beeil dich, **damit** wir rechtzeitig zur Fete gehen können.*
> *Der Ladeninhaber baut an, **damit** er mehr Verkaufsfläche hat.*

Finalsätze werden gern durch *um zu + Infinitiv* ersetzt. Voraussetzung ist,
dass Hauptsatz und Finalsatz das gleiche Subjekt haben.

> ***Der Ladeninhaber*** *baut an, damit **er** mehr Verkaufsfläche hat.*

> *Der Ladeninhaber baut an, **um** mehr Verkaufsfläche **zu haben**.*

Infinitivsatz/satz-
wertiger Infinitiv/
Infinitivgruppe
→ Seite 160

> ***Ich*** *werde mich beeilen, damit **ich** rechtzeitig da bin.*

> *Ich werde mich beeilen, **um** rechtzeitig da **zu sein**.*

Damit – betont auf der 1. Silbe – ist ein Pronominaladverb. Es bedeutet: „mit
dem".

> ***Damit** kannst du mir nicht imponieren!*
> *Ich habe **damit** nichts zu tun.*

Pronominaladverbien
→ Seite 56

Konsekutivsätze

Konsekutivsätze drücken die Folge, die Wirkung von dem aus, was im Haupt-
satz ausgesagt wurde. – Konsekutivsätze werden eingeleitet durch
sodass, so – dass, als dass …

> *Ich habe mich beeilt, **sodass** ich den Zug noch erreichte.*
> *Leider hatte der Zug dann in Köln Verspätung,*
>   ***sodass** der Anschlusszug schon weg war.*

Irreale Konsekutivsätze werden mit **als dass** eingeleitet.

> *Der Ladendieb war zu schnell verschwunden,*
>   ***als dass** sich die Verkäuferin das Gesicht hätte merken können.*
> *(In Wirklichkeit hat sie sich das Gesicht* nicht *gemerkt.)*

Fortsetzung
→ nächste Seite

55/9 Konzessivsätze

Konzessivsätze drücken eine Einräumung aus, sie nennen den „unzureichenden Gegengrund" zur Aussage im Hauptsatz. – Konzessivsätze werden eingeleitet durch

obwohl, obgleich, obschon, wenngleich, wenn auch …

> *Obwohl das Wetter schlecht war, machten wir einen Klassenausflug.*
> (Das schlechte Wetter war kein ausreichender Grund, den Klassenausflug zu verschieben.)
> *Wir hatten viel Spaß, **obwohl** es ziemlich kalt war.*
> (Nicht: ~~Wir hatten viel Spaß, trotzdem es~~ …)

Trotzdem statt *obwohl* wird nur in schlechter Umgangssprache verwendet. *Obwohl* leitet einen Konzessivsatz, also einen Gliedsatz ein, *trotzdem* einen Hauptsatz.

55/10 Adversativsätze

Adversativsätze drücken einen Gegensatz zu dem aus, was im Hauptsatz ausgesagt wurde. – Adversativsätze werden eingeleitet durch

wohingegen, (an)statt dass, außer dass, während …

> *Ich muss in der Küche helfen, **wohingegen** meine Schwester sich amüsiert.*
> *Du solltest auch helfen, **(an)statt dass** du nur herumsitzt.*

Ein Adversativsatz mit *(an)statt dass* kann durch *(an)statt zu + Infinitiv* ersetzt werden. Voraussetzung ist, dass der Hauptsatz und der Adversativsatz das gleiche Subjekt haben.

> ***Du** solltest helfen, (an)statt dass **du** nur faul herumsitzt.*

> *Du solltest helfen, **(an)statt** nur faul **herumzusitzen**.*

55/11 Begriffliche Klärungen

– Gliedsätze, die mit einer (unterordnenden) Konjunktion eingeleitet werden, nennt man auch *Konjunktionalsätze.*

– Die Lokalsätze werden in einigen Grammatiken zu den Relativsätzen gerechnet, namentlich die Lokalsätze, die sich auf ein Nomen/Substantiv beziehen.
> *Der Saal, wo (= in dem) der Vortrag stattfindet …*

Bestimmung von Adverbialsätzen

Das Fernsehen unterhält die Leute, **indem es verhindert**, dass sie sich miteinander unterhalten.
SIGMUND GRAFF

<u>indem ...   Modalsatz</u>

Wer sich zum Wurm macht, kann nachher nicht klagen, **wenn er mit Füßen getreten wird.**
IMMANUEL KANT

<u>wenn ...   Temporalsatz</u>

Nicht da ist man daheim, **wo man seinen Wohnsitz hat**, sondern wo man verstanden wird.
CHRISTIAN MORGENSTERN

<u>wo ...   Lokalsatz</u>

Nenne dich nicht arm, **weil deine Träume nicht in Erfüllung gegangen sind**; wirklich arm ist nur, der nie geträumt hat.
MARIE VON EBNER-ESCHENBACH

<u>weil ...   Kausalsatz</u>

Es kann der Frömmste nicht in Frieden leben, **wenn es dem bösen Nachbarn nicht gefällt.**
FRIEDRICH SCHILLER

<u>wenn ...   Konditionalsatz</u>

Damit das Mögliche entsteht, muss immer wieder das Unmögliche versucht werden.
HERMANN HESSE

<u>damit ...   Finalsatz</u>

Ein Kompromiss, das ist die Kunst, einen Kuchen **so** zu teilen, **dass jeder meint**, er habe das größte Stück bekommen.
LUDWIG ERHARD

<u>so – dass ...   Konsekutivsatz</u>

Manche Menschen wollen immer glänzen, **obwohl sie keinen Schimmer haben.**
HEINZ ERHARDT

<u>obwohl ...   Konzessivsatz</u>

Rettet die Wale!

Die Verschmutzung **der Meere, kilometerlange** *Schleppnetze und die* **direkte** *Verfolgung bedrohen die Wale. Helfen Sie mit beim Schutz der* **bedrohten** *Meeressäugetiere!*

Gebrauch

Attribute geben genauere Auskünfte über ihr Beziehungswort. Durch ein Attribut können wir uns besser vorstellen, was mit dem Beziehungswort genau gemeint ist. – Der Satz *ohne* Attribute ist wenig informativ:

> *Verschmutzung, Schleppnetze und Verfolgung bedrohen die Wale.*

Mit Attributen wird der Satz viel informativer:

> *Die Verschmutzung* **der Meere, kilometerlange** *Schleppnetze und die* **direkte** *Verfolgung bedrohen die Wale.*

Satzgliedteil

Verschiebeprobe
→ Seite 132

Bei der „Verschiebeprobe" können Attribute nur gemeinsam mit anderen Satzgliedern verschoben werden. Daher sind Attribute *keine selbstständigen* Satzglieder, sondern nur Teil eines anderen Satzgliedes.
Der Fachausdruck dafür ist *Satzgliedteil*.

Verschiebeprobe:

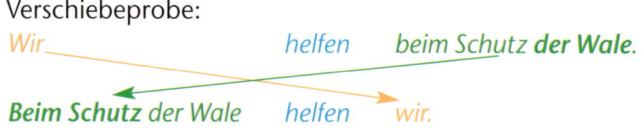

Wir helfen beim Schutz **der Wale.**

Beim Schutz *der Wale helfen wir.*

Beim Schutz der Wale lässt sich nicht trennen. … *der Wale* ist ein Attribut zu *Schutz*. Man kann fragen: *Was für ein …? (Was für ein Schutz?)*

Attribute zu Nomen/Substantiven

Nomen/Substantive können sehr unterschiedliche Attribute bei sich haben.
Die wichtigsten sind:

– Adjektive

      kilometerlange *Schleppnetze*   (= Adjektivattribut)

      *die **riesigen** Wale*

– adjektivisch gebrauchte Partizipien

      *die **bedrohten** Meeressäugetiere*

      (bedroht = Partizip II von „bedrohen")

      *die **gefährdeten** Tiere*

      (gefährdet = Partizip II von „gefährden")

– Begleiter aller Art

      diese *Zeitungsanzeige*   (*diese* = Demonstrativbegleiter)

      Ihre *Zeitungsanzeige*   (*Ihre* = Possessivbegleiter)

      viele *Zeitungsanzeigen*   (*viele* = Numerale)

– Nomen/Substantiv im Genitiv

      *die Verschmutzung **der Meere***

      *der Schutz **der Meeressäugetiere***

– Präposition + Nomen/Substantiv

      *mein Interesse **für die Natur***

      *die Berichte **über die Verfolgung der Wale***

– Infinitive

      *der Wunsch **zu helfen***

      *der Versuch **zu retten**, was noch zu retten ist*

– Partikel

      *die Zeitungsanzeige **dort***   (*dort* = Adverbattribut)

      *das Haus **nebenan***

– Satz (Attributsatz) → Seite 156

Adjektiv
→ Seite 62

Partizip
→ Seite 80, 82

Demonstrativ-
pronomen
→ Seite 42

Possessivpronomen
→ Seite 50

Numerale
→ Seite 58

Präposition
→ Seite 122

Infinitiv
→ Seite 78

Partikel
→ Seite 118

Attribute sind auch Nomen/Substantive, die im gleichen Kasus wie das
Beziehungswort stehen

      *Der Wal, **ein Meeressäugetier**, ist bedroht.*

      Nominativ   Nominativ

      *Bitte schicken Sie mir „Rettet die Wale", **Ihre Informationsschrift**.*

           Akkusativ   Akkusativ

Diese speziellen Attribute haben die Bezeichnung „Apposition".

Fortsetzung
→ nächste Seite

Attribute zu Attributen

Attribute können ihrerseits durch andere Attribute näher bestimmt werden.

> *Helfen Sie mit beim Schutz der Meeressäugetiere.*
> Beziehungswort   Attribut

Das Attribut *Meeressäugetiere* wird nun selbst durch ein Attribut näher bestimmt.

> *... der bedrohten Meeressäugetiere.*
> Attribut   Beziehungswort

> *Helfen Sie mit beim Schutz der bedrohten Meeressäugetiere.*

> *(Was für ein Schutz? – ... der Meeressäugetiere.*
> *Was für Meeressäugetiere? – ... der bedrohten.)*

Attribute zu anderen Wortarten

Nicht nur Nomen/Substantive, sondern auch andere Wortarten können durch Attribute näher bestimmt werden.

– Pronomen (Stellvertreter)
> *dieser hier*
> *niemand von uns*

Numerale
→ Seite 58
– Numerale
> *viele von ihnen*
> *ein Drittel der Erdbevölkerung*

Adjektiv
→ Seite 62
– Adjektiv
> *eine sehr wichtige Information*
> *Die Zahlen sind erschreckend hoch.*

Adverb
→ Seite 118
– Adverb
> *schon immer*
> *bereits heute*

Partizip
→ Seite 80, 82
– Partizip
> *stark bedroht*
> *fast ausgerottet*

Keine Attribute

Einige Wörter gelten nicht als „Attribute".

1. Der bestimmte und der unbestimmte Artikel können immer nur zusammen mit ihrem Nomen/Substantiv verschoben werden. Trotzdem gelten sie *nicht* als Attribute.

     die *Verschmutzung*
     ein *Schleppnetz*

   (Demonstrativbegleiter, Possessivbegleiter … gelten jedoch als Attribute.

     dieses *Schleppnetz*
     unsere *Zeitungsanzeige*)

2. Auch Präpositionen gelten *nicht* als Attribute.

     beim *Schutz*
     im *Meer*

3. Die Bestimmungswörter von Nomen/Substantiven gelten *nicht* als Attribute.

     *die Netze – die **Schlepp**netze*
     *die Säugetiere – die **Meeres**säugetiere*

4. Konjunktionen verbinden Satzglieder. Sie sind *keine* Attribute.

     Die Verschmutzung der Meere, kilometerlange Schleppnetze
     und *die direkte Verfolgung …*

Artikel
→ Seite 38

Demonstrativ-
begleiter
→ Seite 42

Possessivbegleiter
→ Seite 51

Zusammengesetzte
Nomen/Substantive
→ Seite 36

Konjunktionen
→ Seite 126

Begriffliche Klärungen

Ein deutsches Wort für „Attribut" ist *Beifügung*.

Alles verstanden?

Ohne Achtung gibt es keine wahre Liebe.
IMMANUEL KANT

Die beste Bildung findet ein gescheiter Mensch auf Reisen.
GOETHE

Politik ist die Kunst des Möglichen.
OTTO VON BISMARCK

Freiheit ist immer Freiheit der Andersdenkenden.
ROSA LUXEMBURG

*Otto heißt dieser Marienkäfer, **der eigentlich ein Drachen ist**. Er und 50 andere Drachen fliegen derzeit in der Glashalle des Leipziger Messegeländes herum. Bis zum 20. Oktober dauert die Ausstellung „Modell & Hobby", **die den Besuchern ein riesiges Angebot zum Thema kreative Freizeit präsentiert**.*

57/1   Gebrauch

Nicht nur einzelne Wörter, sondern auch ganze Sätze können Attribut sein. Diese Sätze heißen *Attributsätze*.

Attribut
→ Seite 152 Genau wie ein Attribut geben sie nähere Informationen zu ihrem Beziehungswort. Man kann fragen: *Was für ein …?*

> *Was ist das für ein Marienkäfer?*
> *… ein Marienkäfer, **der eigentlich ein Drachen ist.***
> *Was ist das für eine Ausstellung?*
> *… eine Ausstellung, **die den Besuchern ein riesiges Angebot zum Thema kreative Freizeit präsentiert.***

Beispiele für Attributsätze, die mit *dass* eingeleitet werden:

> *Die Aussteller äußerten die Hoffnung, **dass viele Besucher kommen werden.***
> *(Was für eine Hoffnung?)*
> *Die Vermutung, **dass sich viele für diese Ausstellung interessieren**, hat sich bestätigt.*
> *(Was für eine Vermutung?)*

Relativsätze

Attributsätze, die mit einem Relativpronomen beginnen, heißen *Relativsätze*. Die meisten Attributsätze sind – gleichzeitig – Relativsätze.

> … dieser Marienkäfer, **der** eigentlich ein Drachen ist.
> … eine Ausstellung, **die** den Besuchern ein riesiges Angebot
> zum Thema kreative Freizeit präsentiert.
> Das ist etwas, **was** mich sehr interessieren würde.
> Das ist etwas, **worüber** ich mehr wissen möchte.

Relativpronomen
→ Seite 54

Pronominaladverb
→ Seite 56

Begriffliche Klärungen

Weil die Relativsätze mit einem Pronomen beginnen, werden sie zu den *Pronominalsätzen* gerechnet – im Gegensatz zu den *Konjunktionalsätzen,* die mit einer Konjunktion beginnen. (Relativpronomen → Seite 54, Konjunktion → Seite 126)

Alles verstanden?

> Jeder Mensch, der sich für etwas engagiert, hat eine bessere Lebensqualität als andere, die nur so dahinvegetieren.
>
> BRUNO KREISKY

> Die einzige Sprache, die jeder versteht, ist die Sprache des menschlichen Gesichts.
>
> ERNST BLOCH

> Politiker und Journalisten teilen das traurige Schicksal, dass sie oft heute schon über Dinge reden, die sie erst morgen ganz verstehen.
>
> HELMUT SCHMIDT

Aufsatz von Mario E.:

Mein Freund [1][2]

Patrick war [3][4]

wegen einer Sport- [5]

verletzung im

Krankenhaus. [6]

1 *Mein:* **Attribut** zu „Freund"
2 *Mein Freund Patrick:* **Subjekt**
3 *Patrick:* **Attribut** zu „Freund"
4 *war:* **Prädikat**
5 *wegen einer Sportverletzung:*
   Adverbial des Grundes
6 *im Krankenhaus:* **Adverbial** des Ortes

Er hatte mich [7][8][9]

gebeten, zu ihm [8][10]

nach Hause [11]

zu gehen. [12]

7 *Er:* **Subjekt**
8 *hatte … gebeten:* **Prädikat**
9 *mich:* **Akkusativobjekt**
10 *zu ihm:* **Adverbial** des Ortes
11 *nach Hause:* **Adverbial** des Ortes
12 *zu gehen:* (Infinitiv)

Ich sollte nach [13][14][15]

seinen Fischen [16]

sehen. [14]

13 *Ich:* **Subjekt**
14 *sollte … sehen:* **Prädikat**
15 *nach seinen Fischen:* **präpositionales Objekt**
16 *seinen:* **Attribut** zu „Fischen"

Wie erschrak [17][18]

ich, als ich [19][20][21]

in sein Zimmer [22][21]

kam! [24]

17 *Wie:* **Adverbial** der Art und Weise
18 *erschrak:* **Prädikat**
19 *ich:* **Subjekt**
20 *als:* (Konjunktion)
21 *ich:* **Subjekt**
22 *in sein Zimmer:* **Adverbial** des Ortes
23 *sein:* **Attribut** zu „Zimmer"
24 *kam:* **Prädikat**

<table>
<tr><td>

25
Das Wasser im

26   *27*
Aquarium war

28   *29*
grün, voller Algen.

</td><td>

25 *Das Wasser:* **Subjekt**
26 *im Aquarium:* **Attribut** zu „Wasser"
27 *war:* **Prädikat** (Hilfsverb)
28 *grün:* **Prädikativ**
29 *voller Algen:* **Prädikativ**

</td></tr>
</table>

30 *31* Der Filter der Um- *32* wälzpumpe war *33* *34* seit langer Zeit *35* nicht mehr aus- *32* gewechselt worden.	30 *Der Filter:* **Subjekt** 31 *der Umwälzpumpe:* **Genitiv-Attribut** 32 *war … ausgewechselt worden:* **Prädikat** 33 *seit langer Zeit:* **Adverbial** der Zeit 34 *langer:* **Attribut** zu „Zeit" 35 *nicht mehr:* **Adverbial** der Zeit

36 *37* Das Schlimmste war, *38* *40* *39* dass einige Fische *42 41* eitrige Punkte *43* an den Kiemen *44* hatten.	36 *Das Schlimmste:* **Prädikatsnomen** 37 *war:* **Prädikat** 38 *dass:* (Konjunktion) 39 *einige Fische:* **Subjekt** 40 *einige:* **Attribut** zu „Fische" 41 *eitrige Punkte:* **Akkusativobjekt** 42 *eitrige:* **Attribut** zu „Punkte" 43 *an den Kiemen:* **Adverbial** des Ortes 44 *hatten:* **Prädikat**

(39–44: Subjektsatz)

45 46 47 Wenn ich nicht *48* gekommen wäre, *49 51 50* wären alle Fische *52* jämmerlich *49* eingegangen.	45 *Wenn:* (Konjunktion) 46 *ich:* **Subjekt** 47 *nicht:* **Adverbial** der Art und Weise 48 *gekommen wäre:* **Prädikat** 49 *wären … eingegangen:* **Prädikat** 50 *alle Fische:* **Subjekt** 51 *alle:* **Attribut** zu „Fische" 52 *jämmerlich:* **Adverbial** der Art und Weise

Attribute sind doppelt unterstrichen, weil sie *Satzgliedteile* sind;
„*Konjunktion*" wird bei der Auswertung in Klammern angegeben, weil es
sich hier um eine *Wortart* handelt, ebenso „*Infinitiv*" (Verbform).

> *Es ist das Vorrecht der Jugend,*
> ***Fehler zu begehen***, *denn sie hat*
> *genug Zeit,* ***sie zu korrigieren***.
>
> ERNST BARLACH

> *Es ist schwieriger,* ***eine vorge-***
> ***fasste Meinung zu zertrüm-***
> ***mern als ein Atom***.
>
> ALBERT EINSTEIN

59/1   Infinitivsatz

Infinitiv
→ Seite 78

Ein *Infinitivsatz* ist ein erweiterter Infinitiv mit *zu*. Der Infinitivsatz kann ein Objekt und ein Adverbial enthalten, aber kein Subjekt. In den meisten Fällen ist das Subjekt des Infinitivsatzes das Subjekt des übergeordneten Satzes.

Erweiterung	Infinitiv
… Fehler	*zu machen.*
… sie	*zu korrigieren.*

Infinitivsätze

Infinitivsätze stehen – wie Nebensätze – für einen Satzteil des übergeordneten Satzes.

Subjektsatz
→ Seite 135

– Subjektsatz:

> *Es ist das Vorrecht der Jugend, dass sie Fehler begeht …*
>
> (Wer oder was ist das Vorrecht der Jugend? – Dass sie Fehler begeht …)
>
> *Es ist ein Vorrecht der Jugend,* ***Fehler zu begehen*** *…*

Objektsatz
→ Seite 143

– Objektsatz:

> *Lisa ist stolz, dass sie ihre Prüfung bestanden hat.*
>
> (Auf wen oder was ist sie stolz? – Dass sie ihre Prüfung bestanden hat …)
>
> *Lisa ist stolz(,)* ***ihre Prüfung bestanden zu haben***.

Adverbialsatz
→ Seite 146

Komma beim
Infinitivsatz
→ Seite 182

– Adverbialsatz:

> *Du musst dich beeilen, damit du nicht zu spät kommst.*
> *Du musst dich beeilen,* ***um nicht zu spät zu kommen***.
> *Fahr los, ohne dass du noch länger auf Thomas wartest.*
> *Fahr los,* ***ohne noch länger auf Thomas zu warten***.

Partizipsatz

Ein *Partizipsatz* ist ein erweitertes Partizip I oder Partizip II. Der Partizipsatz enthält kein Subjekt. Sein Subjekt ist meist das Subjekt des übergeordneten Satzes.

Partizip I
→ Seite 80
Partizip II
→ Seite 82

Erweiterung	Partizip
Mitleid	*fühlend …*
von Angst	*getrieben …*

Partizipsatz

Partizipsätze stehen meistens für Attributsätze und Adverbialsätze.
– Attributsatz:

Attributsatz
→ Seite 156

> *Die Pizza, **die frisch gebacken war und herrlich duftete**, stand auf dem Tisch.*
> *Die Pizza, **frisch gebacken und herrlich duftend**, stand auf dem Tisch.*

– Adverbialsatz:

Adverbialsatz
→ Seite 146

> ***Weil sie Mitleid fühlte**, betreute sie ihren kranken Onkel.*
> ***Mitleid fühlend(,)** betreute sie ihren kranken Onkel.*
> ***Wenn man es genauer sagt**, hat sie für ihn gekocht und eingekauft.*
> ***Genauer gesagt(,)** hat sie für ihn gekocht und eingekauft.*

Komma

Infinitiv- und Partizipsätze *können* durch Komma abgetrennt werden, in einigen Fällen *müssen* sie jedoch durch ein Komma abgetrennt werden (siehe Seite 182, 67/3). Wenn das Komma fakultativ ist, sollte es aber stehen, wenn dadurch der Satz leichter lesbar wird und Missverständnisse vermieden werden.

Begriffliche Klärungen

– Andere Bezeichnungen für „Infinitivsatz" sind *erweiterter Infinitiv, satzwertiger Infinitiv, Infinitivkonstruktion, Infinitivgruppe …*
  Ebenso: „Partizipsätze" werden auch genannt: *erweitertes Partizip, satzwertiges Partizip, Partizipgruppe …*
– Der Oberbegriff für Partizipsatz und Infinitivsatz lautet: *satzwertige Konstruktionen.*

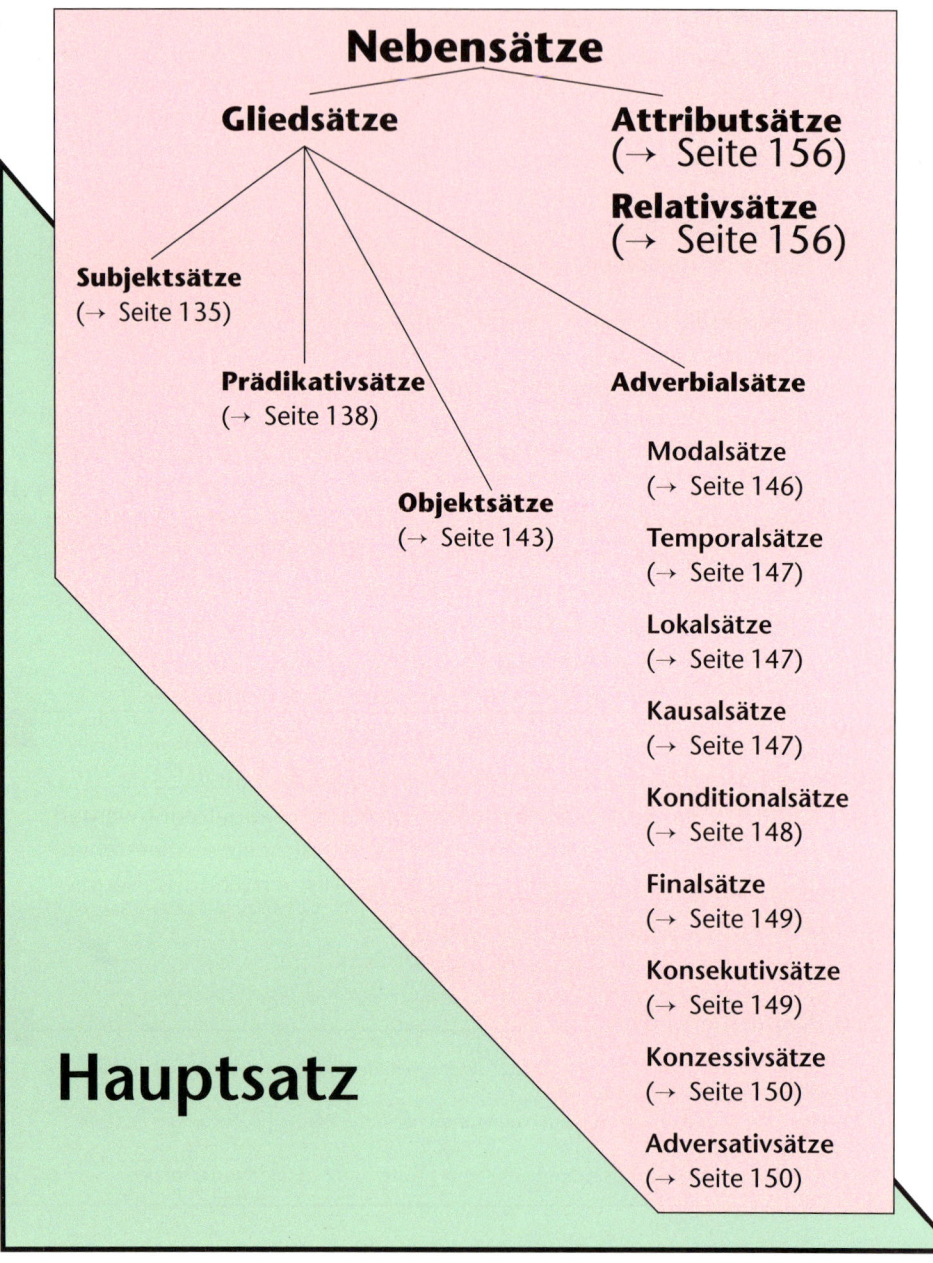

Wie unterscheiden sich Hauptsatz und Nebensatz?
Nebensätze stehen für Satzglieder oder Attribute im Hauptsatz:
Ein *Subjektsatz* steht für ein *Subjekt* im Hauptsatz, ein *Objektsatz* für ein *Objekt* im Hauptsatz usw.

Personalform des Verbs

60/2

Haupt- und Nebensätze unterscheiden sich auch äußerlich:
Im Nebensatz steht die Personalform des Verbs am Satzende.

Personalform des Verbs → Seite 84

> *Dass sich Silke und Petra **freuen**, ist offensichtlich.*
> └──────── Nebensatz ────────┘

> *Die Reiterin führte vor, dass sie mit Pferden sprechen **kann**.*
> └──────── Nebensatz ────────┘

> *Als wir in der Jugendherberge **ankamen**, waren alle müde.*
> └──────── Nebensatz ────────┘

In kurzen Hauptsätzen, die nur aus Subjekt und Prädikat bestehen, steht die Personalform des Verbs am Satzende. Wenn man den Satz erweitert, rückt die Personalform vom Ende weg.

> *Es regnet.*   (Hauptsatz)
> *… weil es regnet.*   (Nebensatz)

Beide Sätze erweitern wir mit: *schon den ganzen Tag.*

> *Es regnet **schon den ganzen Tag**.*   (Hauptsatz)
> *… weil es **schon den ganzen Tag** regnet.*   (Nebensatz)

Zwei Ausnahmen

60/3

1. Ausnahme: In Nebensätzen, die mit *dass* eingeleitet werden, kann man *dass* weglassen. Dann rückt die Personalform des Verbs nach vorn.

> *Ich wusste, dass du rechtzeitig kommen **würdest**.*
> *Ich wusste, du **würdest** rechtzeitig kommen.*
> └──────── Nebensatz ────────┘

2. Ausnahme: In Nebensätzen, die mit *wenn* eingeleitet werden, kann man *wenn* weglassen. Dann rückt die Personalform des Verbs nach vorn.

Konditionalsatz → Seite 148

> *Wenn du Geld **hast**, kannst du dir vieles kaufen.*
> ***Hast** du Geld, kannst du dir vieles kaufen.*
> └ Nebensatz ┘

Begriffliche Klärungen

60/4

> Nebensätze, bei denen *dass* oder *wenn* weggelassen ist, werden *uneingeleitete Nebensätze* oder *verkappte Nebensätze* genannt.

61 Satzellipse

DÜRRENMATT: DIE PHYSIKER

(Man fotografiert. Blitzlichter.)
INSPEKTOR: *Wie hieß die Schwester?*
OBERSCHWESTER: **Irene Straub.**
INSPEKTOR: **Alter?**
OBERSCHWESTER: **Zweiundzwanzig.**
 Aus Kohlwang.
INSPEKTOR: **Angehörige?**
OBERSCHWESTER: **Ein Bruder in der**
 Ostschweiz.
INSPEKTOR: **Benachrichtigt?**
OBERSCHWESTER: **Telefonisch.**
INSPEKTOR: **Der Mörder?**

61/1 Was ist eine Satzellipse?

Satzellipsen sind grammatisch unvollständige Sätze. Sie werden bis auf die wichtigsten Satzteile verkürzt.

> INSPEKTOR: *Wie hieß die Schwester?*
> OBERSCHWESTER: ~~Sie hieß~~ **Irene Straub.**
> INSPEKTOR: ~~Welches ist ihr~~ **Alter?**
> OBERSCHWESTER: ~~Sie ist~~ **zweiundzwanzig** ~~Jahre alt.~~
> ~~Sie stammt~~ **aus Kohlwang.**
> INSPEKTOR: ~~Hat sie~~ **Angehörige?**
> OBERSCHWESTER: ~~Sie hat~~ **einen Bruder in der Ostschweiz.**
> INSPEKTOR: ~~Ist er~~ **benachrichtigt** ~~worden?~~
> OBERSCHWESTER: ~~Er ist~~ **telefonisch** ~~benachrichtigt worden.~~
> INSPEKTOR: ~~Wer ist~~ **der Mörder?**

61/2 Verwendung beim Sprechen

Satzellipsen kommen sehr häufig beim Sprechen vor.

> **Wie spät** ~~ist es?~~ – ~~Es ist~~ **kurz vor 7 Uhr.**
> **Warum** ~~sollten wir dem Vorschlag~~ **nicht** ~~zustimmen?~~
> ~~Kommen Sie~~ **herein!**
> ~~Ist dir~~ **alles klar** ~~geworden?~~
> ~~Jetzt geht es~~ **los!**

Verwendung beim Schreiben   61/3

Auch beim Schreiben können verkürzte Sätze verwendet werden und sehr lebendig wirken.

– Schlagwörter:
*Erst sterben **die Bäume**, dann sterben **wir**.*

– Bericht:
*Wir hatten mehrere Versuche unternommen. Sie waren **alle vergeblich**.*
Wir konnten uns nicht einigen. Also wurde abgestimmt:
*Das erschien allen als **ein faires Verfahren**.*

– Brief:
*Ich wünsche Ihnen **alles Gute**.*
*Ich hoffe, dass Sie weiterhin **viel Erfolg** haben!*

Begriffliche Klärungen   61/4

– Als „Ellipse" bezeichnet man die Auslassung von entbehrlichen Satzteilen.
– *Ja! Nein! Danke! Bitte! Vorsicht!* werden „Satzäquivalente" genannt.
– Statt „Satzellipse" sagt man auch *Satzfragment* oder *Kurzsatz*.

Alles verstanden?

Schminken wie die Profis:

Eine Maskenbildnerin macht's vor! Ob Katze, Clown oder Marienkäfer: mit Hilfe einer professionellen Maskenbildnerin sind verblüffende Verwandlungen ein Kinderspiel.

(ZEITUNGSANZEIGE)

Regnerisch und kühl

Mit nordwestlicher Strömung gelangt weiter feuchtkühle Luft nach Deutschland. Vorhersage: Wechselnde Bewölkung mit Regen-, Schnee- oder Graupelschauern. Am Ostermontag freundlicher und wärmer. Temperaturen 3 bis 9 Grad, nachts bei Aufklaren Frost.

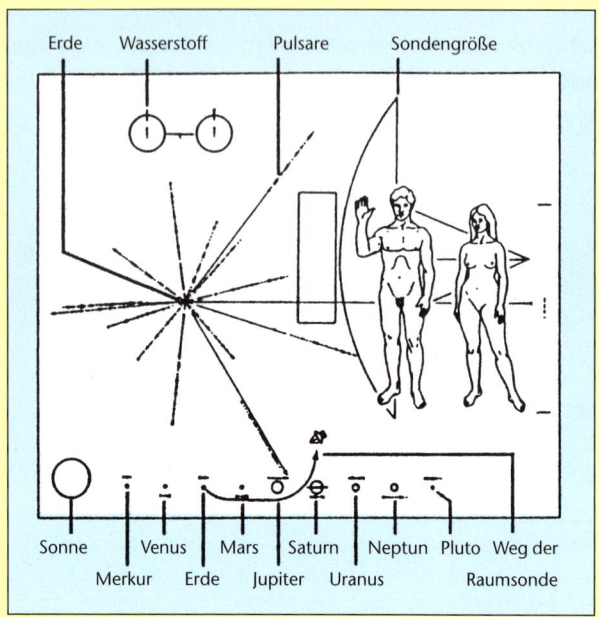

Diese Grafik wurde der Raumsonde Pioneer 10 mitgegeben. Sie zeigt einen Mann und eine Frau, der Mann hebt die Hand zum Gruß. Unten sieht man die Sonne und die Planeten, auch der Weg der Raumsonde ist eingezeichnet.

*Diese Grafik, **die der Raumsonde Pioneer 10 mitgegeben wurde**, zeigt einen Mann und eine Frau. Der Mann hebt die Hand, **um damit auszudrücken, dass die Menschen in friedlicher Absicht kommen**. Unten sind die Sonne und die Planeten, und man kann erkennen, **welchen Weg die Raumsonde genommen hat.***

Konjunktion
→ Seite 126

62/1   **Satzreihe**

Hauptsätze, die nur durch Kommas oder durch *und* verbunden sind, ergeben eine Satzreihe.

Unten sieht man die Sonne und die Planeten,
1. Hauptsatz

auch der Weg der Raumsonde ist eingezeichnet.
2. Hauptsatz

166

Satzgefüge   62/2

Hauptsatz und Nebensatz ergeben ein *Satzgefüge*. (Es können auch mehrere
Hauptsätze oder mehrere Nebensätze sein.)

> *Der Mann hebt die Hand,*
>> Hauptsatz
>
> *um damit auszudrücken,*
>> satzwertiger Infinitiv
>
>> *dass die Menschen in friedlicher Absicht kommen.*
>>> Nebensatz (Objektsatz)

Infinitivsatz
→ Seite 160

Objektsatz
→ Seite 143

> *Unten sind die Sonne und die Planeten,*
>> 1. Hauptsatz
>
> *und man kann erkennen,*
>> 2. Hauptsatz
>
>> *welchen Weg die Raumsonde genommen hat.*
>>> Nebensatz (Objektsatz)

Der Nebensatz kann in den Hauptsatz eingeschoben sein.

> *Diese Grafik,*   *zeigt einen Mann und eine Frau.*
>
> **die der Raumsonde Pioneer 10 mitgegeben wurde,**
>> eingeschobener Relativsatz

Relativsatz
→ Seite 156

> *Der Mann macht deutlich,*   *und hebt deshalb die Hand.*
>
> **dass die Menschen in friedlicher Absicht kommen,**
>> eingeschobener Objektsatz

Begriffliche Klärungen   62/3

Für „Satzreihe" gibt es das Fremdwort *Parataxe*,
für „Satzgefüge" *Hypotaxe*.

Alles verstanden?

*Idealismus ist die Fähigkeit, die
Menschen so zu sehen, wie sie
sein könnten, wenn sie nicht so
wären, wie sie sind.*

CURT GOETZ

*Das Unglück ist, dass jeder denkt,
der andere ist wie er, und dabei
übersieht, dass es auch anständige
Menschen gibt.*

HEINRICH ZILLE

Theodor Storm:
Der Schimmelreiter

„Aber wo ist Elke?"
Er verließ seinen Türpfosten
und drängte sich weiter in den
Saal hinein; da stand er plötz-
lich vor ihr, die mit einer älte-
ren Freundin in einer Ecke saß.
„Hauke!", rief sie, mit ihrem
schmalen Antlitz zu ihm auf-
blickend. „Bist du hier? Ich
sah dich noch nicht tanzen!"
„Ich tanze auch nicht", erwi-
derte er.
„Weshalb nicht, Hauke?",
und sich halb erhebend, setzte
sie hinzu: „Willst du mit mir
tanzen?"

63/1 Anführungszeichen bei der direkten Rede

In Berichten, Aufsätzen, Erzählungen, Romanen wird die direkte Rede durch *Anführungszeichen* angezeigt. Am Anfang der direkten Rede stehen die An-führungszeichen „unten", am Ende die Anführungszeichen „oben".

> *„Aber wo ist Elke?"*

Anführungszeichen und andere Satzzeichen stehen immer in einer be-stimmten Reihenfolge: Die Anführungszeichen stehen *hinter* dem Punkt, dem Ausrufezeichen und dem Fragezeichen, aber *vor* dem Komma.

> *„Ich tanze auch nicht."*   (Punkt, Anführungszeichen)
> *„Ich tanze auch nicht!"*   (Ausrufezeichen, Anführungszeichen)
> *„Willst du mit mir tanzen?"*   (Fragezeichen, Anführungszeichen)
> *„Ich tanze auch nicht", erwiderte er.*   (Anführungszeichen, Komma)

In Textbüchern von Theaterstücken, die nur direkte Rede enthalten, stehen keine Anführungszeichen.

63/2 Sprecherangabe

Die Sprecherangabe kann *vor, inmitten* oder *hinter* der direkten Rede stehen. Vor der direkten Rede endet die Sprecherangabe mit einem Doppelpunkt.

> *Sie rief: „Hauke, bist du hier?"*

Wenn die Sprecherangabe nach der direkten Rede steht, können *drei* Satz-zeichen hintereinander notwendig werden:

> *„Hauke", rief sie, „bist du hier?"* (Fragezeichen, Anführungszeichen)
> *„Hauke, bist du hier?", rief sie.*   (Fragezeichen, Anführungszeichen, Komma)

Indirekte Rede

63/3

Mit der indirekten Rede gibt man eine fremde Rede wieder, nicht unbedingt im genauen Wortlaut.

Indirekte Frage
→ Seite 173

Vor der indirekten Rede steht:

Er sagt/er sagte …, er erzählt/er erzählte …,
er behauptet/er behauptete …, er berichtet/er berichtete …,
sie ruft/sie rief …, sie antwortet/sie antwortete …,
sie fügt hinzu/sie fügte hinzu …, sie meint/sie meinte …, …
(Diese Formulierungen werden „Redeeinleitungen" genannt.)

Die indirekte Rede beginnt meist mit *dass* …

*Elke erzählte, **dass** sie auf Hauke gewartet habe.*
*Sie sagte, **dass** sie ihn noch nicht gesehen habe.*
*Hauke sagte ihr, **dass** er auch nicht tanze.*

dass
→ Seite 127

Man kann das *dass* auch weglassen. Das geschieht oft beim Sprechen.

Elke erzählte, ∧ sie habe auf Hauke gewartet.
Sie sagte, ∧ sie habe ihn noch nicht gesehen.
Hauke sagte ihr, ∧ er tanze auch nicht.

In der indirekten Rede kann der Konjunktiv stehen.
Das ist der Fall:
– wenn das *dass* weggelassen wurde.

*Sie sagte, sie **habe** Hauke nicht gesehen.* (nicht: *hat*)

– im gepflegten Hochdeutsch, in der Literatur und beim (Aufsatz-)Schreiben. (Man verwendet aber heute nur noch die Konjunktivformen, die wirklich gebräuchlich sind, und vermeidet Konjunktivformen, die veraltet sind und geziert klingen.)

*Elke erzählte, dass sie auf Hauke gewartet **habe**.*
(*habe* ist gebräuchlich)
*Sie sagte, dass sie müde **sei**.*
(*sei* ist durchaus gebräuchlich.)
*Hauke sagte, dass auch er nicht mehr tanzen **wolle**.*
(*wolle* wäre in der Hochsprache und in der Literatur korrekt,
sonst ist *wolle* eher ungebräuchlich.)

Konjunktiv
→ Seite 103,
106–107

Ersatz des Konjunktivs
→ Seite 103, 107

Fortsetzung
→ nächste Seite

63/4   **Pronomenverschiebung**

Im Vergleich mit der direkten Rede verändern sich in der indirekten Rede
die Pronomen:
1. Person → 3. Person / 2. Person → 1. Person oder 3. Person (je nach
Gesprächspartner):

> *Sie sagte: „**Ich** komme morgen zu **dir**."*
>   1. Person   2. Person
>
> *Sie sagte (mir), dass **sie** morgen zu **mir** komme.*
>   3. Person   1. Person

Personalpronomen
→ Seite 48

> *Sie sagte (ihm), dass **sie** morgen zu **ihm** komme.*
>   3. Person

Possessivpronomen
→ Seite 50

> *Sie fügte hinzu: „**Ich** bringe auch **meine** Schwester mit."*
>   1. Person   1. Person
>
> *Sie fügte hinzu, dass **sie** auch **ihre** Schwester mitbringe.*
>   3. Person   3. Person

Auch die Adverbialen werden gelegentlich in der indirekten Rede verändert.
> *Sie sagte: „Ich warte **hier** auf dich."*
> *Sie sagte, dass sie **dort** auf mich warte.*

> *Er sagte: „Ich komme **morgen** zu Besuch."*
> *Er sagte, dass er **am nächsten Tag** zu Besuch komme.*

63/5   **Erlebte Rede**

Die „erlebte Rede" steht im Präteritum und wird manchmal als Stilmittel
benutzt.
- – Direkte Rede:
  Elke: „Willst du mit mir tanzen?"

Indirekte Frage
→ Seite 173
- – Indirekte Rede (indirekte Frage):
  Elke fragte, ob er mit ihr tanzen wolle.
- – Erlebte Rede:
  ***Wollte** er mit ihr tanzen?*

- Statt „direkte Rede" sagt man auch *wörtliche Rede* oder *angeführte Rede*.
- Statt „indirekte Rede" sagt man auch *nichtwörtliche Rede* oder *berichtende Rede*.
- Statt „Sprecherangabe" wird auch der Begriff *Begleitsatz* verwendet.
- Direkte Rede, indirekte Rede, erlebte Rede u. a. haben als Oberbegriff: *Formen der Redewiedergabe*.

Alles verstanden?

SCHILLER:
WILHELM TELL

TELL *(zum Landvogt).*
   Erlasset mir den Schuss. Hier ist mein Herz!
   (Er reißt die Brust auf.)
   Ruft Eure Reisigen und stoßt mich nieder.
GESSLER. *Ich will dein Leben nicht, ich will den Schuss.*
   – Du kannst ja alles, Tell, an nichts verzagst du:
   Das Steuerruder führst du wie den Bogen,
   Dich schreckt kein Sturm, wenn es zu retten gilt –
   Jetzt, Retter, hilf dir selbst – du rettest alle!

Wiedergabe unter Verwendung von indirekter Rede:

Tell bittet den Landvogt, ihm den Schuss zu erlassen. Er bietet ihm sein Leben. Der Landvogt solle seine Knechte rufen, um ihn zu töten.
Geßler antwortet, dass er nicht Tells Leben, sondern den Schuss verlange. Er macht ihm sogar Mut, indem er sagt, dass Tell ja alles könne und nie verzagt sei. Er erinnert ihn daran, dass er das Steuerruder wie den Bogen beherrscht und sich vor keinem Sturm fürchtet. Er fordert Tell auf, er solle sich jetzt selbst helfen und damit alle retten.

Vater: „**Warum spielst du nicht mit Peter?**"
„**Würdest du mit jemandem spielen,
der dich immer haut?**"
„Natürlich nicht!"
„Peter auch nicht."

64/1   **Entscheidungsfrage**

Bei der Entscheidungsfrage kennt der Fragende den Sachverhalt. Er möchte nur wissen, ob der Sachverhalt wirklich zutrifft.
Auf Entscheidungsfragen kann man antworten: *Ja!* oder *Nein!*
Man kann auch ausweichend antworten: *Ich weiß nicht. Vielleicht. Das ist möglich. Mal sehen …*

> *Würdest du mit jemandem spielen, der dich immer haut?*
> – **Nein! Natürlich nicht! Keinesfalls!**
> *Möchtest du ein Eis essen?*
> – **Ja! Gern!**

Finite Verbformen
→ Seite 85

Bei Entscheidungsfragen steht die finite Verbform am Satzanfang. (Inversion)

> **Möchtest** du ein Eis essen?
> – *Ja.*

Wenn man eine Entscheidungsfrage zur Vergewisserung stellt, steht das Subjekt an erster Stelle. Man verwendet *doch* und erwartet ein *Ja*.

> *Du möchtest **doch** ein Eis essen?*
> – *Ja.*

Eine besondere Art der Entscheidungsfragen sind die *Alternativfragen*. Der Fragende möchte wissen, welche von zwei Möglichkeiten zutrifft.

> *Möchtest du ein Eis oder willst du eine Cola?*
> *Hast du das verstanden oder soll ich es dir noch einmal erklären?*

Ergänzungsfrage

Bei der Ergänzungsfrage kennt der Fragende nicht den vollen Sachverhalt.
Er möchte über eine ihm unbekannte Einzelheit informiert werden.

> *Warum spielst du nicht mit Peter?*
> – Der Fragende möchte den Grund wissen.
> *Wo warst du gestern Nachmittag?*
> – Der Fragende möchte den Ort wissen.

Ergänzungsfragen werden durch Fragewörter eingeleitet.
– Interrogativpronomen:
  Wer …? Was …? Welcher …?
– Frageadverbien:
  Wann …? Wo …? Wie viel …? Wie …? Warum …? Womit …? …

> *Wer will mit Peter spielen?*
> *Warum spielst du nicht mit Peter?*

Interrogativ-
pronomen
→ Seite 46

Frageadverbien
→ Seite 47

Indirekter Fragesatz

Der indirekte Fragesatz kann eine *Entscheidungsfrage* oder eine *Ergänzungs-frage* sein.
– Entscheidungsfrage:

> *Melanie: „Kommt Silke mit?"*
> *Melanie fragt,* **ob Silke mitkommt.**

Indirekte Entscheidungsfragen werden mit *ob* eingeleitet.

– Ergänzungsfrage:

> *Melanie: „Wann treffen wir uns?"*
> *Melanie möchte wissen,* **wann wir uns treffen.**

Indirekte Ergänzungsfragen werden mit Fragewörtern eingeleitet.

Nach indirekten Fragen steht *kein* Fragezeichen.

> *Mit wem spielst du***?** (Direkte Frage)
> *Ich möchte wissen, mit wem du spielst.* (Indirekte Frage)

Begriffliche Klärungen ————————————————————

– Statt „Entscheidungsfrage" sagt man auch *Ja/Nein-Frage* oder *Satzfrage.*
– Statt „Ergänzungsfrage" sagt man auch *Satzgliedfrage* oder *W-Frage.*
– Der indirekte Fragesatz wird auch *Interrogativnebensatz* genannt.
– Die Fragewörter werden auch *W-Wörter* genannt, weil alle mit „w" beginnen.

„*SEHR romantisch
bist du
aber* **nicht** *…!*"

Indefinitpronomen
→ Seite 44

Unbestimmter Artikel
→ Seite 38

Konjunktionen
→ Seite 126

65/1   **Negationswörter**

Die Verneinung (Negation) wird durch die verschiedensten „Negations-wörter" ausgedrückt:

– Pronomen *(keiner, niemand, nichts …),*
– Adverbien *(nie, niemals, nirgends, nichts, keinesfalls …),*
– unbestimmter Artikel *(kein),*
– Partikel *(nicht),*
– Konjunktion *(weder – noch)*
– und durch *nein.*

> *Ist hier jemand? –* **Nein**, *hier ist* **niemand**.
> *Hast du etwas gesehen? –* **Nein**, *ich habe* **nichts** *gesehen.*
> *Warst du irgendwann bei Sabine? –* **Nein, niemals**.
> *Ist das eine Azalee? –* **Nein**, *das ist* **keine** *Azalee.*

Doppelte Verneinung ist im heutigen Deutsch nicht mehr erlaubt.
> *Niemand besuchte ihn* ~~nicht~~ *im Krankenhaus.*

65/2   **kein**

Kein ist die Verneinung von *ein.*
> *Hast du* **einen** *neuen Plan? – Nein, ich habe* **keinen** *neuen Plan.*
> *War das* **ein** *großer Erfolg? – Nein, es war* **kein** *Erfolg.*

Kein steht auch, wenn das Objekt keinen Artikel hat.
> *Hast du* ∧ *Angst? – Nein, ich habe* **keine** *Angst.*
> *Hast du noch* ∧ *Zeit? – Nein, ich habe* **keine** *Zeit.*

nicht

Nicht kann einen Satzteil oder einen ganzen Satz verneinen.

● Satzteil

Wenn *nicht* einen Satzteil verneint, steht es normalerweise *vor* dem verneinten Satzteil.

> *Ist Michael dein Freund? – Nein, er ist **nicht mein Freund**.*
> *Geht ihr im Wald spazieren? – Nein, **nicht im Wald**.*
> *Ist dein Freund sehr romantisch? – Nein, **nicht sehr romantisch**.*

Wenn der verneinte Satzteil zur Betonung an den Satzanfang gestellt wird, bleibt *nicht* an seinem alten Platz.

> *Du bist wohl **nicht sehr romantisch**.*

> ***Sehr romantisch** bist du wohl **nicht**.*

> *Er ist **nicht mein Freund**.*

> ***Mein Freund** ist er **nicht**.*

● Satz

Wenn *nicht* den ganzen Satz verneint, steht es meist am Satzende.

> *Findest du den Brief? – Nein, ich finde den Brief **nicht**.*
> *Übernimmst du die Aufgaben? – Nein, ich übernehme sie **nicht**.*

Es gibt aber vier Ausnahmen. Die Ausnahmen 1–3 betreffen zweiteilige Prädikate; die Ausnahme 4 betrifft die Nebensätze.

Mehrteilige Prädikate → Seite 136

1. Ausnahme: Wenn das Prädikat aus einem Verb + Verbzusatz besteht, steht *nicht* vor dem Verbzusatz.

> *Gehst du heute Abend weg? –*
> *Nein, ich gehe heute Abend **nicht weg**.*

2. Ausnahme: Wenn das Prädikat aus Personalform + Partizip II besteht, steht *nicht* vor dem Partizip II.

> *Hast du das gehört? –*
> *Nein, ich habe das **nicht gehört**.*

3. Ausnahme: Wenn das Prädikat aus Personalform + Infinitiv besteht, steht *nicht* vor dem Infinitiv.

> *Willst du mitkommen? –*
> *Nein, ich will **nicht mitkommen**.*

Fortsetzung → nächste Seite

175

4. Ausnahme: Im Nebensatz steht die Personalform des Verbs am Satzende.

Personalform
des Verbs
→ Seite 84

Dort bleibt sie auch bei der Verneinung stehen. *Nicht* steht vor der Personal-
form des Verbs.

> *Hattest du gehofft, dass sie kommt?*
> *– Nein, ich wusste, dass sie **nicht kommt.***
> *Es regnete den ganzen Tag.*
> *– Machen wir einen Spaziergang, weil es jetzt **nicht regnet!***

65/4 Rhetorische Frage

In der „rhetorischen Frage" drückt *nicht* keine Verneinung aus, sondern legt
dem Zuhörer die Antwort *Ja!* in den Mund.

> *Ist das **nicht** ein guter Vorschlag? – **Doch**, das ist ein guter Vorschlag.*
> *Könntest du mir **nicht** helfen? – **Aber sicher** kann ich dir helfen!*

65/5 Verneinung durch Silben

Präfix
→ Seite 20

Suffix
→ Seite 21

Die Verneinung kann auch durch Präfixe und Suffixe ausgedrückt werden.

nicht interessant	→	***un**interessant*
nicht gefallen	→	***miss**fallen*
nicht konsequent	→	***in**konsequent*
nicht erfolgreich	→	*erfolg**los***

*Das Buch ist **un**interessant.*
*Die Bemühungen blieben erfolg**los**.*

*(Das Buch ist **nicht un**interessant.*
Das bedeutet: Das Buch ist ziemlich interessant.)

65/6 Begriffliche Klärungen

Das lateinische Wort für „Verneinung" ist *Negation*.

Alles verstanden?

Niemand ist frei, der nicht über sich selbst Herr ist.
MATTHIAS CLAUDIUS

Wo keine Gerechtigkeit ist, ist keine Freiheit, und wo keine Freiheit ist, ist keine Gerechtigkeit.
JOHANN GOTTFRIED SEUME

Erfahrung heißt gar nichts. Man kann eine Sache auch 35 Jahre schlecht machen.
KURT TUCHOLSKY

Man darf niemals „zu spät" sagen. Auch in der Politik ist es niemals zu spät. Es ist immer Zeit für einen neuen Anfang.
KONRAD ADENAUER

Ein Schriftsteller kann die Welt im besten Fall beunruhigen, im seltensten Fall beeinflussen – verändern nie.
FRIEDRICH DÜRRENMATT

Das schönste Nebenprodukt des Erfolges ist die Unabhängigkeit. Niemand kann einen Erfolgreichen zwingen, etwas zu tun, was er nicht mag.
OTTO PREMINGER

Herrenmenschen sind in der Regel weder Herren noch Menschen.
WERNER MITSCH

Die Sterne lügen nicht.
FRIEDRICH SCHILLER

Alkohol löst Zungen, aber keine Probleme.
WERNER MITSCH

66 Satzschlusszeichen

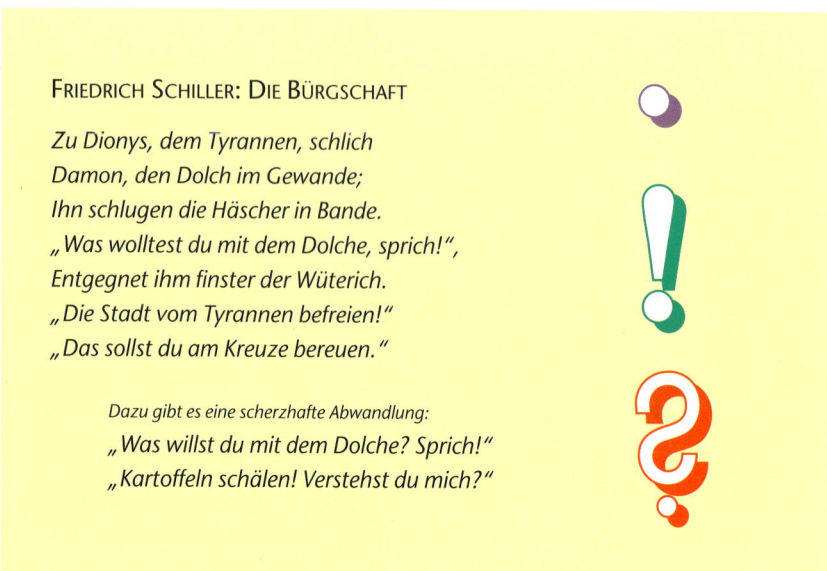

FRIEDRICH SCHILLER: DIE BÜRGSCHAFT

Zu Dionys, dem Tyrannen, schlich
Damon, den Dolch im Gewande;
Ihn schlugen die Häscher in Bande.
„Was wolltest du mit dem Dolche, sprich!",
Entgegnet ihm finster der Wüterich.
„Die Stadt vom Tyrannen befreien!"
„Das sollst du am Kreuze bereuen."

Dazu gibt es eine scherzhafte Abwandlung:
„Was willst du mit dem Dolche? Sprich!"
„Kartoffeln schälen! Verstehst du mich?"

Satzgefüge
→ Seite 167
Die Satzschlusszeichen stehen am Ende eines Satzes oder eines Satzgefüges.
Die Satzschlusszeichen sind *Punkt, Ausrufezeichen, Fragezeichen.*

66/1 Punkt

Am Ende eines Satzes steht meistens ein Punkt.
Der Punkt zeigt an: Hier ist der (Aussage-)Satz zu Ende.
> *Ihn schlugen die Häscher im Bande.*
> *… Entgegnet ihm finster der Wüterich.*

Kein Punkt steht
– nach einer Überschrift, nach einem Buchtitel und dergleichen:
> *Die Bürgschaft*
> *Tempolimit auf Autobahnen*
> *Die Sportschau*

– nach dem Datum:
> *Donnerstag, der 1. Mai 1999*
– nach Anschriften:
> *Frau Petra Schmidt*
> *Berliner Straße 4*
> *49716 Meppen*
– nach Grüßen und nach Unterschriften:
> *Mit freundlichen Grüßen*
> *Ihr Peter Meyer*

– nach Auslassungspunkten:
> *Der Kaiser kann mich mal* **...**

– nach Abkürzung mit Punkt und nach Ordinalzahl mit Punkt:
> *Wir haben das ganze Schloss besichtigt, das Treppenhaus, die Prunk-gemächer usw.*
> *Das ist das Schloss von Friedrich II.*

Ausrufezeichen **66/2**

Nach Aufforderungen, Wünschen und Ausrufen steht das Ausrufezeichen. Das Ausrufezeichen kommt besonders häufig in der direkten Rede vor. Es zeigt an, dass der Satz mit Nachdruck vorzutragen ist.
> *Sprich!* (Der Tyrann schreit ihn an.)
> *Die Stadt vom Tyrannen befreien!*

Wenn der Satz ziemlich leise vorzutragen ist, steht *kein* Ausrufezeichen.
> *Das sollst du am Kreuze bereuen.*

Fragezeichen **66/3**

Das Fragezeichen steht immer nach einem Fragesatz.
> *Was wolltest du mit dem Dolche?*
> *Verstehst du mich?*

Kein Fragezeichen steht nach dem indirekten Fragesatz.
> *Der Tyrann fragte Damon, was er mit dem Dolche tun wollte.*

Indirekter Fragesatz
→ Seite 173

Begriffliche Klärungen **66/4**

Für „Ausrufezeichen" gibt es auch die Wörter: *Ausrufzeichen* und *Ausrufungszeichen*.

Alles verstanden?

> *Edel sei der Mensch,*
> *hilfreich und gut!*
> GOETHE

> DER PRINZ. *Guten Morgen, Conti. Wie leben Sie? Was macht die Kunst?*
> CONTI. *Prinz, die Kunst geht nach Brot.*
> LESSING: Emilia Galotti

179

DÜRRENMATT:
DER RICHTER UND SEIN HENKER

Alphons Clenin, der Polizist von Twann, fand am Morgen des dritten Novembers neunzehnhundertachtundvierzig dort, wo die Straße von Lamboing (eines der Tessenbergdörfer) aus dem Walde der Twannbachschlucht hervortritt, einen blauen Mercedes, der am Straßenrande stand. Es herrschte Nebel, wie oft in diesem Spätherbst, und eigentlich war Clenin am Wagen schon vorbeigegangen, als er doch wieder zurückkehrte. Es war ihm nämlich beim Vorbeischreiten gewesen, nachdem er flüchtig durch die trüben Scheiben des Wagens geblickt hatte, als sei der Fahrer auf das Steuer niedergesunken. Er glaubte, daß der Mann betrunken sei, denn als ordentlicher Mensch kam er auf das Nächstliegende. Er wollte daher dem Fremden nicht amtlich, sondern menschlich begegnen. Er trat mit der Absicht ans Automobil, den Schlafenden zu wecken, ihn nach Twann zu fahren und im Hotel Bären bei schwarzem Kaffee und einer Mehlsuppe nüchtern werden zu lassen; denn es war zwar verboten, betrunken zu fahren, aber nicht verboten, betrunken in einem Wagen, der am Straßenrande stand, zu schlafen. Clenin öffnete die Wagentüre und legte dem Fremden die Hand väterlich auf die Schultern. Er bemerkte jedoch im gleichen Augenblick, daß der Mann tot war. Ⓡ

67/1   **Zwischen Sätzen**

- *Die am häufigsten anzuwendende Kommaregel:*
Das Komma steht zwischen Sätzen (Hauptsätzen, Nebensätzen/Gliedsätzen).

Es war ihm nämlich beim Vorbeischreiten gewesen, nachdem
└─────────────── Hauptsatz ───────────────┘,└──

er flüchtig durch die trüben Scheiben des Wagens geblickt
─────────── 1. Nebensatz/Gliedsatz ───────────

Nebensatz
→ Seite 162

hatte, als sei der Fahrer auf das Steuer niedergesunken.
──┘,└──────── 2. Nebensatz/Gliedsatz ────────┘

Er glaubte, dass der Mann betrunken sei, denn als ordentlicher
└Hauptsatz┘,└─── Nebensatz/Gliedsatz ───┘,└──────

Mensch kam er auf das Nächstliegende.
──────── 2. Hauptsatz ────────┘

- *Die für viele Schülerinnen und Schüler schwierigste Kommaregel:*
Das Komma steht vor und *hinter* dem eingeschobenen Satz.

  Alphons Clenin fand dort, wo die Straße aus dem Walde hervortritt,
  └─ Anfang des Hauptsatzes ──┘, └── eingeschobener Satz ─────────┘,

  einen blauen Mercedes.
  ── Ende des Hauptsatzes ──┘

  Es war nicht verboten, betrunken in einem Wagen,
  └── Hauptsatz ──┘, └── Anfang des Infinitivsatzes ─┘,

  der am Straßenrande stand, zu schlafen.
  └── eingeschobener Satz ──┘, ─Ende des Infinitivsatzes┘

  Clenin öffnete die Wagentüre, die nicht verschlossen war,
  └── Anfang des Hauptsatzes ──┘, └── eingeschobener Satz ─┘,

  und legte dem Fremden die Hand auf die Schultern.
  ────────── Ende des Hauptsatzes ──────────┘

Beachte den letzten Beispielsatz: Der Hauptsatz besteht aus einem Subjekt (*Clenin*) und zwei Prädikaten (*öffnete – und legte*). Wenn vor dem zweiten Prädikat ein Satz eingeschoben wird, steht vor *und* ein Komma!

- *Zusätzliche Hinweise:*
Das Komma steht *nicht* zwischen Nebensätzen, die mit *und* oder *oder* verbunden sind.

  Der Polizist wunderte sich, dass ein Auto am Waldrand stand
  └────── 1. Nebensatz ──────┘

  und *dass der Fahrer tot war.*
  und └─ 2. Nebensatz ──────┘

Das Komma braucht nicht zwischen Hauptsätzen zu stehen, die mit *und* verbunden sind.

  Es herrschte Nebel **und** *der Polizist bemerkte den Mercedes nicht.*
  └─1. Hauptsatz ──┘ und └────── 2. Hauptsatz ──────┘

Bei formelhaften Nebensätzen braucht kein Komma zu stehen.

  Wie bereits gesagt(,) *bemerkte der Polizist den Mercedes zuerst nicht.*
  Formelhafter Nebensatz

  Er könnte(,) **wenn nötig**(,) *den Mercedes abschleppen lassen.*
  Formelhafter Nebensatz

67/2 Aufzählungen

Das Komma steht zwischen gleichrangigen Wörtern und Wortgruppen.
(Die Wörter und Wortgruppen sind *gleichrangig*, wenn man *und* einfügen kann.)

> *Polizei**,** Feuerwehr **und** Rettungsdienst.*
> *Er trat mit der Absicht ans Automobil, den Schlafenden zu wecken**,***
> *ihn nach Twann zu fahren **und** … nüchtern werden zu lassen.*

Wenn zwei Adjektive *nicht* gleichrangig sind, steht auch kein Komma.
(Man kann zwischen diese Adjektive kein *und* einfügen.)

> *in den letzten* ∧ *großen Ferien*
> *zahlreiche* ∧ *polizeiliche Maßnahmen*

Wenn aufgezählte Wörter mit *und* oder *oder* verbunden sind, steht kein Komma.

> *Clenin öffnete die Wagentüre **und** legte dem Fremden die Hand*
> *väterlich auf die Schultern.*

Wenn Gegensätze aufgezählt werden, stehen Kommas,
besonders vor *aber, jedoch, sondern.*

> *Er wollte dem Fremden nicht amtlich**, sondern***
> *menschlich begegnen.*
> *Das war ungewöhnlich**, aber** nicht verboten.*

67/3 Infinitivsätze

Bei Infinitivsätzen muss in drei Fällen ein Komma gesetzt werden:
- der Infinitivsatz ist mit *um, ohne, statt, anstatt, außer* oder *als* eingeleitet,

> *Der Polizist ging zum Auto, **um** nach dem Rechten zu sehen.*

Infinitivsatz
→ Seite 160

- der Infinitivsatz hängt von einem Nomen/Substantiv des Hauptsatzes ab,

> *Sie hat den innigen **Wunsch**, eine Weltreise zu machen.*

Partizipsatz
→ Seite 161

- der Infinitivsatz wird von einem hinweisenden Wort angekündigt
oder wieder aufgenommen.

> *Ich denke nicht **daran**, den Hausflur zu putzen.*
> *Am Sonntag auszuschlafen, **darauf** freut er sich.*

In allen anderen Fällen ist die Kommasetzung bei Infinitivsätzen (und Partizipsätzen) freigestellt. Oft dient sie aber der Vermeidung von Missverständnissen:

> *Ich rate(,) ihm(,) zu helfen.*
> *Sabine versprach(,) ihrem Vater(,) einen Brief zu schreiben.*

Anreden

Anreden werden durch Komma abgetrennt.

> **Liebe Freunde,** *ich habe euch etwas Wichtiges mitzuteilen.*
> *Ich möchte dir,* **liebe Sandra,** *alles Gute wünschen.*

Zusätze, Nachträge

Zusätze und Nachträge werden durch Komma abgetrennt.
Solche Zusätze und Nachträge sind:
– Nachgestellte Einschübe

> *Es herrschte Nebel,* **wie oft in diesem Spätherbst.**

Apposition
→ Seite 153

– Appositionen

> *Alphons Clenin,* **der Polizist von Twann,** *fand am Morgen …*

– Orts-, Zeit-, Wohnungs-, Literaturangaben

> *Die Feier findet am Sonntag,* **dem 2. Juni**(*,*) *im Parkhotel statt.*

– Nachgestellte Erläuterungen, die mit *das heißt (d. h.), insbesondere, näm-
lich, und zwar, zum Beispiel (z. B.)* und Ähnlichem eingeleitet werden:

> *Er kam am dritten November,* **und zwar** *morgens.*

Ausrufe

Ausrufe werden durch Komma abgetrennt.

> **Ach,** *jetzt ist es zu spät!*

Ausrufe, die nicht hervorgehoben werden, werden auch nicht durch Komma abgetrennt.

> *Ach lass mich doch in Ruhe!*

Wörter, die eine Bejahung, Verneinung, Bekräftigung oder Bitte ausdrücken, werden durch Komma abgetrennt.

> **Tatsächlich,** *jetzt erinnere ich mich.*
> **Bitte,** *kommen Sie herein.*

Wenn keine Hervorhebung beabsichtigt ist, steht kein Komma.

> *Kommen Sie bitte herein.*

Begriffliche Klärungen

– Wenn zwei Kommas vor und hinter einem eingeschobenen Satz, einem Zusatz, Ausruf usw. stehen, nennt man sie auch *paarige Kommas.*
– Das deutsche Wort für „Komma" ist *Beistrich.*

68/1 Das Semikolon

Mit dem Semikolon kann man gleichrangige Wortgruppen und Sätze von-einander abgrenzen. Das Semikolon trennt stärker als ein Komma, aber viel schwächer als ein Punkt. (Das Semikolon wird nur noch selten gebraucht.)

> *Die Sonne war endlich schon hinter dem Deich hinabgesunken; statt ihrer glimmte ein rotvioletter Schimmer empor; mitunter flogen schwarze Krähen vorüber und waren auf Augenblicke wie vergoldet, es wurde Abend.*

THEODOR STORM: Der Schimmelreiter

Mit dem Semikolon kann man eine lange Aufzählung übersichtlich gliedern.

> *Jessica bekam viele Geschenke: Jeans, Turnschuhe und einen neuen Anorak von ihrer Mutter; ein Fahrrad von ihrem Opa; Süßigkeiten, Bücher und CDs von ihren Freundinnen.*

68/2 Doppelpunkt

Der Doppelpunkt steht nach der Sprecherangabe vor der direkten Rede:

> *Jessica sagte: „Ich freue mich, dass ihr alle gekommen seid."*

Der Doppelpunkt steht vor Aufzählungen, näheren Angaben.

> *In einigen Fächern hatte Jessica eine Zwei: in Deutsch, Englisch, Kunst und Musik.*

Wenn nach dem Doppelpunkt kein vollständiger Satz folgt, schreibt man klein weiter.

Der Doppelpunkt kann auch eine Aufzählung nachträglich zusammen-fassen.

> *In Deutsch, Englisch, Kunst und Musik: **in diesen Fächern** hatte Jessica eine Zwei.*

In der Literatur, besonders von modernen Autoren, wird der Doppelpunkt gebraucht anstelle von *dann, darauf, daher, nämlich, und zwar, denn, jedoch.* Wenn der gedankliche Zusammenhang zwischen zwei Sätzen ohnehin klar ist, reicht ein Doppelpunkt aus, und man kann auf eine schwerfällige Einleitung verzichten.

> *„Sehen Sie, Kapitän, darin unterscheiden wir uns **(nämlich)**: Sie halten nichts von Unsicherheit, und ich halte nicht sehr viel von der Sicherheit: **(denn)** je geringer unsere Chance in Ihren Augen ist, desto mehr bin ich bereit, auf sie zu setzen ..."*

SIEGFRIED LENZ: Das Feuerschiff

Gedankenstrich, Spiegelstrich
68/3

Der Gedankenstrich deutet an, dass der Satz nicht zügig vorgelesen werden soll, sondern dass eine Pause gemacht werden soll.

– „Spannungspause"

> *Kathi war allein zu Hause. Plötzlich – ein seltsames Geräusch.*
> *Sie ging in den Hausflur und sah – ihre Katze …*

– Pause zum Nachdenken

> *Der Mensch hat freien Willen – das heißt, er kann einwilligen*
> *ins Notwendige!* (Christian Friedrich Hebbel)

– Pause, weil man einen Zusatz in den Satz einschieben will

> *Er behauptete – eine freche Lüge –, allein auf dem Sportplatz*
> *gewesen zu sein.*
> *Wir beide – du und ich – wissen, dass das nicht stimmt.*

In Aufsätzen wird der Gedankenstrich gebraucht statt eines Absatzes. Wenn zum Beispiel ein Argument ausführlich dargestellt worden ist und noch ein zweites folgen soll, wäre ein Absatz unangemessen; der Gedankenstrich reicht aus.

Vom Gedankenstrich ist der *Spiegelstrich* zu unterscheiden. Er steht am Anfang von Aufzählungen immer am Zeilenanfang.

> *Der Regelteil enthält unter anderem folgende Teilbereiche:*
> – *Laut-Buchstaben-Zuordnung*
> – *Getrennt- und Zusammenschreibung*
> – *Schreibung mit Bindestrich*
> – *Groß- und Kleinschreibung*

Klammer
68/4

In Klammern setzt man Zusätze, Nachträge, genauere Hinweise.

> *In den Osterferien* **(vom 4. bis 18. April)** *bin ich in Heidelberg.*
> *In die neue Wohnung* **(Junkerstraße 3)** *ziehen wir im November.*
> *Diese Bestimmung steht im Vertrag* **(vgl. § 5)**.

Begriffliche Klärungen
68/5

Das deutsche Wort für „Semikolon" ist *Strichpunkt.*

185

Register „Gesucht → gefunden"

Die Zahlen verweisen auf die Kapitel.

Die Zahlen verweisen auf die Kapitel.

Die Zahlen verweisen auf die Kapitel.

Die Zahlen verweisen auf die Kapitel.

Textquellenverzeichnis

S. 9: *Johannesevangelium 3, 16.* Aus: The Gospel in many tongues. Hg.: The British and Foreign Bible Society. London 1965. Zit. n.: Der Brockhaus, 4. Bd., 8. Aufl. Mannheim, Leipzig o. J., S. 601. – **S. 28:** *Ernst Jandl: wie es allmählich bis zu mir kam.* Aus: Ders.: Gesammelte Werke. Bd. 2 Gedichte 2. Darmstadt: Luchterhand 1985, S. 783. – **S. 30:** *Schüler lieben Füller.* Aus: Neue Osnabrücker Zeitung vom 6.6.97 (AP). – **S. 38:** *122. Geburtstag.* Aus: Neue Osnabrücker Zeitung vom 22.2.97 (AP). – **S. 48:** *Harald Frommer: Der störrische Esel* (nach Phädrus). Aus: Lesenswert 7, S. 142. © 1991 Cornelsen Verlag Hirschgraben, Frankfurt a. M. – **S. 52:** *Max Frisch: Andorra, Siebtes Bild.* Aus: Ders.: Andorra. Frankfurt a. M.: Suhrkamp 1975, S. 59. – **S. 54:** *Thomas Mann: Tonio Kröger,* (Textauszug). Aus: Ders.: Tonio Kröger / Mario und der Zauberer. Frankfurt a. M.: Fischer TB 1996, S. 17. – **S. 60:** *Gerhart Hauptmann: Bahnwärter Thiel* (Textauszug). Aus: Ders.: Das gesammelte Werk. 1. Abtlg., 1. Bd. Berlin: S. Fischer 1942, S. 250. – **S. 65:** *Erich Kästner: Ich wollte kein Held sein ...* Aus: Als ich ein kleiner Junge war. 12. Aufl. Hamburg: Dressler 1969 © 1957 Atrium Verlag Zürich. – **S. 70:** *Herbert Jhering: Brecht, der schwach im Rechnen war ...* (Textauszug). Aus: Die Schaubude. Deutsche Anekdoten, Schwänke und Kalendergeschichten aus sechs Jahrhunderten. Hg. v. Karl Heinz Berger und Walter Püschl. Berlin: Neues Leben 1964. Zit. n.: Deutschstunden Lesebuch Bd. 8. Berlin: Cornelsen 1988, S. 129 (leicht verändert). – **S. 93 oben:** *Gottfried Keller: An einem unfreundlichen Novembertage ...* (Textauszug). Aus: Ders.: Kleider machen Leute. Stuttgart: Reclam 1998, S. 3. – **S. 93 unten:** *Marie Luise Kaschnitz: Schmetterling auf meiner Hand* (Textauszug). Aus: Engelsbrücke. Römische Betrachtungen. Hamburg: Claasen 1955. – **S. 95:** *Erich Kästner: Ein Jahr bevor ich zur Schule kam ...* (Textauszug). Aus: E. Kästner: Der Kinderturner. In: Ders.: Als ich ein kleiner Junge war. 12. Aufl. Hamburg: Dressler 1969 © 1957 Atrium Verlag Zürich. – **S. 102:** *Pharao-Tempel unter der Erde.* Aus: Münsterländische Volkszeitung Rheine vom 20.8.96 (dpa). – **S. 110:** *Horst Bienek: Anweisung für Zeitungsleser* (Textauszug). Aus: Die Zeit danach. Düsseldorf: Eremiten-Presse 1974, S. 137. – **S. 113:** *Wie sag ich es meinem Hund?* Aus: Osnabrücker Zeitung vom 21.8.96 (AFP). – **S. 118:** *Theodor Storm: Die Stadt* (1. Strophe). Aus: Ders.: Sämtliche Werke. Hg. v. A. Köster. Leipzig: Insel 1923. – **S. 140:** *Karola Baumann aus Düsseldorf ...* Aus: Neue Osnabrücker Zeitung vom 17.12.96. – **S. 144:** *„Olaf" ist der erste Heuler ...* Aus: Neue Osnabrücker Zeitung vom 30.5.97. – **S. 156:** *Otto heißt dieser Marienkäfer ...* Aus: Neue Osnabrücker Zeitung vom 16.10.96. – **S. 164:** *Friedrich Dürrenmatt: Die Physiker* (Textauszug). Aus: Ders.: Werkausgabe in dreißig Bänden. Bd. 7: Die Physiker. Zürich: Diogenes 1985, S. 15. – **S. 168:** *Theodor Storm: Der Schimmelreiter* (Textauszug). Aus: Ders.: Der Schimmelreiter. Stuttgart: Reclam 1979, S. 47 f. – **S. 171:** *Friedrich Schiller: Wilhelm Tell.* Aus: Ders.: Wilhelm Tell. Stuttgart: Reclam 1967, S. 67. – **S. 178:** *Friedrich Schiller: Die Bürgschaft* (Textauszug). Aus: Das Buch der Balladen. Hg. v. W. Hansen. München: Mosaik-Verlag 1978, S. 337 f. – **S. 180:** *Friedrich Dürrenmatt: Der Richter und sein Henker* (Textauszug). Aus: Ders.: Der Richter und sein Henker. Der Verdacht. Werkausgabe. Zürich: Verlag der Arche 1980, S. 9.

Bildquellenverzeichnis

S. 16, 36, 46, 48, 50, 56, 62, 76, 78, 82, 84, 86, 94, 102, 113, 132, 136, 144, 152: Corel-Bilddatenbank – **S. 20:** Margit Pawle, München – **S. 30, 122, 126:** Diethard Lübke, Meppen – **S. 32, 140, 156:** dpa, Frankfurt a. M. – **S. 38:** AP, Frankfurt a. M. – **S. 44:** Uwe Wienprecht, Berlin – **S. 52:** Dumont-Lindemann-Archiv, Theatermuseum Düsseldorf – **S. 54:** Museum für Kunst und Kulturgeschichte der Hansestadt Lübeck – **S. 60, 70, 106, 134:** Ullstein Bilderdienst, Berlin – **S. 68:** Thomas Schulz, Berlin – **S. 88:** Ralf-Henning Lox, Berlin – **S. 92:** Schiller Nationalmuseum, Marbach – **S. 96:** IBM Deutschland GmbH, Bildarchiv Stuttgart; Thomas Steininger, Braunfels – **S. 118:** Günter Pump, Nordhastedt – **S. 158:** © VCL/Bavaria, München – **S. 164:** © Südwestrundfunk, Hugo Jehle